榕爱 榕智 榕趣

深圳市欧阳凌洁名班主任工作室教育实践案例

欧阳凌洁 向东华 金群 / 主编

中国文联出版社

图书在版编目（CIP）数据

榕爱　榕智　榕趣：深圳市欧阳凌洁名班主任工作室教育实践案例 / 欧阳凌洁，向东华，金群主编. — 北京：中国文联出版社，2022.12

ISBN 978-7-5190-5053-5

Ⅰ. ①榕… Ⅱ. ①欧… ②向… ③金… Ⅲ. ①小学—班主任工作—研究 Ⅳ. ①G625.1

中国国家版本馆CIP数据核字（2023）第003968号

主　　编　欧阳凌洁　向东华　金　群
责任编辑　刘　旭
责任校对　秀点校对
装帧设计　刘贝贝　李　娜

出版发行　中国文联出版社有限公司
社　　址　北京市朝阳区农展馆南里10号　　邮编　100125
电　　话　010-85923025（发行部）　010-85923091（总编室）
经　　销　全国新华书店等
印　　刷　北京四海锦诚印刷技术有限公司

开　　本　710毫米×1000毫米　　1/16
印　　张　13.25
字　　数　242千字
版　　次　2022年12月第1版第1次印刷
定　　价　58.00元

编 委 会

目录 CONTENTS

工作室建设篇

绿榕新翠添新绿　团队成长绽繁华
——深圳市欧阳凌洁名班主任工作室总结汇报 / 2
深圳市欧阳凌洁名班主任工作室三年培养方案 / 9
深圳市欧阳凌洁名班主任工作室管理制度 / 17
深圳市欧阳凌洁名班主任工作室人员职责 / 21

班级管理篇

故事，向情感更深处漫溯 / 24
嗨！一起游戏吧 / 27
春风化雨乐成长，潜移默化润心灵 / 30
小卡片，大赞美 / 33
奏响班级“集结号” / 36
我班的创意奖惩——积分银行制 / 41
立根海鸥文化，玩转创意奖惩 / 44
有效奖惩，促学生成长 / 47
我的班级我做主 / 51
看班主任三十六计，解徒儿们七十二变 / 54

治班小锦囊 / 58
手持武林秘籍，一起闯荡江湖
——“海鸥少侠”中队修炼手册 / 61
创建“生命在场”的完美教室
——我的班级管理特色 / 65
小组合作模式在班级管理中的运用
——以“海鸥少侠中队”小组合作模式为例 / 71
班主任教你不慌不忙迎开学 / 74
乐善于心，教化于行 / 77
成长在路上 / 82
问题来了怎么办？ / 87

教育故事篇

“微”风起，心霾散 / 94
我的毕业班故事 / 96
一首离歌，两个故事 / 100
也许“天使”睡着了 / 105
生命的温度 / 107
播种希望，收获成长 / 109
点化善心，助“泼猴”取得真经 / 111
寻找生命成长的“心灵动力” / 115
我愿人生不如初见 / 118
送你一朵玫瑰花 / 120
让我们的距离近一点 / 124
学生不似预期，快乐总会如期 / 127
因为深爱，所以放下 / 133
等待，邂逅绿洲一抹彩 / 137

问题学生的心理辅导篇

小学生偷窃行为的原因及心理辅导策略 / 140
三年级小学生厌学的表现、原因和辅导方法 / 146
小学生情绪调节能力的影响因素及培养策略研究 / 151
浅析小学生情绪调节的策略 / 157
小学生考试焦虑原因及解决策略探析 / 163
以爱为帆，乘沟通之风，抵达学生心灵
——学生厌学的表现、原因和辅导方法 / 168
小学生厌学心理辅导策略研究 / 174
学生说谎的表现、原因和辅导方法 / 181
家庭教育促使学生形成良好的行为品质的辅导策略 / 187
不同心理健康教育学生的调查与个案研究
——以小学高段某一抑郁症学生为例 / 192
学习落后学生的心理辅导 / 198

工作室建设篇

深圳市欧阳凌洁名班主任工作室成立于2016年10月，三年来工作室逐步探索了一条“规范化—特色化—辐射化”的专业成长之路。工作室通过聆听窗外、现场观摩、专家引领、专题写作等系列活动，为成员（学员）打造优质成长环境；通过深入开展课题研究，不断提升工作室成员（学员）的科研能力，把他们培养成为学校、区域性的骨干班主任；通过主题班会示范课、专题讲座、交流研讨、班级文化成果展示等发挥名班主任工作室的辐射引领作用。

绿榕新翠添新绿　团队成长绽繁华

——深圳市欧阳凌洁名班主任工作室总结汇报

宝安区翻身小学　欧阳凌洁

深圳市欧阳凌洁名班主任工作室成立于2016年10月，三年来工作室逐步探索了一条“规范化—特色化—辐射化”的专业成长之路。工作室通过聆听窗外、现场观摩、专家引领、专题写作等系列活动，为成员（学员）打造优质成长环境；通过深入开展课题研究，不断提升工作室成员（学员）的科研能力，把他们培养成为学校、区域性的骨干班主任；通过主题班会示范课、专题讲座、交流研讨、班级文化成果展示等发挥名班主任工作室的辐射引领作用。

一、回首向来路，风雨兼程为研修

1. 文化引领，凝聚团队

我们工作室经过长期思考，几经锤炼，提出“绿榕工作室”的“绿榕文化”理念，我们工作室的室训：榕爱、榕智、榕趣；教风：立榕品、做真教育；学风：用爱心传递感动，用智慧点燃激情，用真诚抚慰心灵，用追求擦亮行程，用温暖凝结同心。

2. 健全机制，搭建平台

为确保工作室培养教师落到实处，切实促进工作室成员和学员的专业发展，根据《宝安区教育系统名校（园）长、名师工作室建设指导意见》，我们工作室通过讨论制定了三年培养规划，拟定并集体讨论通过了《工作室管理制度》《工作室研修制度》《工作室考勤制度》《工作室考核制度》《工作室经费使用制度》等相关管理制度。为搭建更广泛的学习交流平台，扩大科研的辐射影响，工作室创建了微信群、微信公众号。微信群为工作室日常管理、线下交流研讨提供方便，公众号会定期发表成员们的研究成果。

3. 规划成长，建设档案

为加强团队建设，促进成员（学员）专业化、个性化成长，工作室建立健全成员（学员）专业发展档案，编制《工作室成员（学员）专业成长手册》，一人一册，定期填写。指导工作室成员（学员）制订个人成长计划、撰写学习心得和专业成长总结。健全的制度、个性的计划和全过程的成长档案，是工作室成员和学员成长的重要保障。

4. 组建团队，规划路径

（1）工作室团队结构分析。工作室有成员6人，学员9人。其中科组长2人，年级组长4人，宝安区骨干教师8人，宝安区教坛新秀1人，5年以下教龄3人，5—10年教龄9人，10年以上教龄2人，中级职称7人，初级职称6人。

（2）工作室培养路径规划。针对团队"年轻教师多""学历整体水平高"的特点，工作室主持人欧阳凌洁为工作室提出了规范化—特色化—辐射化的三个发展阶段，每个阶段工作室主持人都提出了具体详细的发展要求，针对班主任个人发展，欧阳凌洁老师提出班主任专业成长自主、自觉、自为的三重境界，得到全体学员、成员的认可。我们坚持每月至少教研一次，每月至少公众号原创推文四次。每学期坚持完成德育"五个一"工程，即一个教育故事、一个班级活动、一份班会设计、一份读书反思、一篇教育类文章，以"五个一"为抓手，建立工作室德育资源库。

二、研修有情趣，研修过程见匠心

1. 疫路有你，家校沟通

工作室成立后，正值疫情期间，面对突发情况，我们直面困难，通过线上研讨家校沟通、家校共育的有效方法，向家长们展示了超过20场次的家校共育会，我们更是独辟蹊径，把家校共育会和班级文化结合在一起，通过家长现身说法、教师在线指导、学生线上展示任务等多元方式，探索出线上家校共育的有效途径。

2. 聚焦热点，系列研讨

工作室按照宝安区要求每月开展一次线上或线下研讨，研究工作中的难点、重点，平时遇到的困惑，工作室都会及时、准确地把脉，有的放矢开展研讨，为老师们排忧解难。我们不仅提出问题、解决问题，而且创造性打造“系列性特色教研”。在疫情期间，我们打造了七期“疫散花开，智慧共享”系列网络活动，有发人深省的读书分享，工作室成员用共读的方式，抒发自己对教育的理解；还有关于班级文化建设的思考，用文化镀亮孩子们成长的天空；有妙趣横生的治班锦囊，成员用问题引领自己的思考；还有直击心灵的教育故事，在教育故事中反思自身教育行为……6月毕业季期间，工作室打造了两期“最美毕业季”系列活动，张东霞、詹燕苗老师分享了自己最美的毕业班故事。暑假期间，7月开展了三期“看班主任三十六计，解徒儿们七十二变”系列，邹凌丽、冯梅、金群分享了面对学生们千人千面，各自的锦囊妙计；8月，我们做了三期“我们班的创意奖惩”系列的活动，袁园、刘艳芳、向东华、申萍老师的治班智慧，让人佩服；10月，我们做了三期“走进童心，有妙招”系列活动，张婷、罗勤、黄婷婷老师为大家分享打开真挚童心的那把钥匙；11月，我们开展了三期“小活动、大德育”，詹燕苗、欧阳凌洁、张东霞老师分享以“小活动”为阵地，实现大德育的愿景……

3. 一班一品，文化浸润

班级文化不是一件光鲜的外衣，它应该内化为学生的信仰，并如余秋雨先生所言，逐渐沉淀为一种集体人格。只有这样，文化之花才能长开不败！我们工作室针对现实中千篇一律、千“班”一面的问题，积极探索培育个性化的班级精神，构建个性化的班级文化，形成有自身特色的班级文化的新路径，即班级学生通过“全面创建、全体参与、全程渗透”的方式，寻找“一种意象”，提炼“一种核心文化”，发展“多种分支分化”，构建起多姿多彩的班级文化参天大树。各位成员也积极建立起自己的特色班级文化，如：

尚竹园中队文化：竹象征着自律、谦虚、进取，尚竹园中队的孩子们以竹为榜样，像一棵棵破土而出的嫩笋，在阳光雨露的沐浴中拔节成长，以谦逊、坚韧、正直的品格互相影响着，以善思、善学、善行的风貌共同努力着。尚竹园中队在翻小尚善德育的引领下，提炼出主题竹文化，并由此延伸出“竹之形美”“竹之德美”“竹之品美”“竹君公约”“竹君荣誉榜”“竹君风采”“竹海书香苑”等系列文化。愿尚竹园中队的孩子们虚怀若谷，乐学善思，在未来的岁月中，在自己的人生舞台上，尽情舞动，绽放！

小荷中队全体队员们本着民主、公平的原则，不断提升班级文化的内涵，提炼出主题荷文化，并由此延伸出“荷之声”“荷之光”“荷香书桌”“荷雅轩读书角”“小荷十景”“小荷尖尖”“小荷争锋”等系列文化，我们致力营造书香班级，以中队“小荷十星”评选为契机，培养具有小荷十德（礼、忠、智、勇、义、仁、孝、节、和、信）的优秀学子。

海鸥中队文化以海鸥为核心文化。海鸥是勇敢的象征，是坚毅的象征，同学们像海鸥一样，迎风展翅，为梦飞翔。海鸥中队在翻小尚善德育的引领下，本班从《大学》中提炼出“海鸥八训”——“德”“善”“知”“诚”“正”“思”“慎”“谦”，打造了海鸥小组文化。每个月评出“海鸥八星”——明德之星，至善之星，致知之星，诚意之星，正心之星，善思之星，慎独之星和谦逊之星。

红旗飞扬中队的队员们在祖国温暖的怀抱中茁壮成长，他们心向红旗，心向祖国。为增强班级凝聚力以及提升班级学生文化认同感，他们提炼了班级“红旗”文化，树立了爱国立志、求真力行的远大目标理想，并精心布置“旗之光”“旗之彩”“旗之约”“旗之锋”“旗之熠”“旗之语”“旗之净”“旗之华”班级文化模块展示。为激励学生向上乐学，班级努力打造优秀的“旗之子”，并授予“善旗星”“尚旗星”“智旗星”“诚旗星”“悦旗星”“信旗星”“孝旗星”“谦旗星”的荣誉称号。

蓝海中队文化：蓝，是天空的颜色，是大海的颜色；海，广博而壮丽，自由而奔放。蓝海中队的学生在学校善文化引领下，打造属于本班的蓝海文化，延伸出“蓝海风尚”“蓝海锦绣”“蓝海故事时空”“蓝海心语”“蓝海碧图”“蓝海墨宝”等一系列班级文化，致力于培养有界限、能包容、懂感恩、爱学习的优秀学子。

小珊瑚中队的孩子们，就像多姿多彩颜色各异的珊瑚，每一个都是不一样的独立而珍贵的个体，定能绽放七彩之光，做更好的自己，健康快乐地学习、生活、成长！他们中队文化由珊瑚风采秀、善本德育·动感珊瑚、珊瑚写意、珊瑚板报、珊瑚小喇叭、珊瑚之光等部分组成。

浪花中队文化：浪花是进取的象征，“长风破浪会有时，直挂云帆济沧海”，同学们像浪花一样，迎着海风，在知识的海洋中自由向上，快乐成长！浪花中队全体队员们本着公平、公正的原则，不断提升班级文化的内涵，提炼出主题浪花文化，并由此延伸出“小浪花爱劳动”“小浪花爱书法”“小浪花爱创作”“小浪花爱阅读”等系列栏目。在翻小尚善德育的引领下，浪花中队从《中庸》中提炼出“浪花五训”——“学”“问”“思”“辨”“行”，打造了浪花小组文化。每个月评出“破浪学子”——博学学子，审问学子，慎思学子，明辨学子，笃行学子，善思学子。

阳光中队的孩子们阳光快乐。他们提炼了班级“阳光”文化，立志每个孩子“读健康有益之书，做出彩阳光少年”，并分组起名“炎阳小组”“旭日小组”“晨曦小组”“东升小组”“太阳小组”“朝阳小组”“曙光小组”“光芒小组”“阳和小组”，进行班级文化小组展示。

麒麟中队，是一个积极向上、乐观睿智的中队。麒麟，是指中国传统瑞兽。常比喻才能杰出、德才兼备的人。51名队员秉承“志不强者智不达，言不信者行不果”的班训，求真尚美，励志笃行。

各中队不仅精心创建班级文化，还依托德育处平台开展了形式多样的班级文化展示会，通过这样的活动，让班级文化落地生根，实现文化育人的目的。

4. 共读写作，笔耕不辍

工作室为成员们提出专业的读书的路径：找我—有我—写我。我们因教学困局而读，因师生关系而读，因课程变革而读，因生命的蜕变而读……工作室为成员（学员）赠送超过1000册书，定期举行读书分享，交流读书心得。如：“人间夏阳媚读书正当时”活动。在共读的同时，我们提出了专业写作路径：论文写作（思考）—案例写作（阐释）—课题写作（研究）—叙事写作（专业），我们一直坚持原创写作，每个月定主题，分小组分享写作成果。

5. 课题引领，提升能力

工作室申报区级课题“一班一品班级文化构建的行动研究”已经通过

立项。我们从三个大方面着手：个性化班级物质文化建设的研究；个性化班级制度文化建设的研究；个性化班级精神文化建设的研究。具体详细地研究十个问题：个性化班级布置的研究；搞好个性化班级财产管理的研究；个性化班级卫生管理的研究；学生干部的选拔和培养的研究；班级自主管理的研究；制订个性化的班级公约的研究；个性化班级主题活动的研究；良好的班风培植的研究；良好的班级读书氛围的研究；班级优秀传统传承的研究。

工作室成员张东霞、詹燕苗、邹凌丽老师参与广东省级德育课题“粤港澳大湾区国际教育示范区家校共育实践研究——以宝安区翻身小学为例”，已经成功结题。

主持人欧阳凌洁主持国家级课题“探析小学德育中传统文化的渗透”研究，已经成功结题，并被评为国家课题一等奖。

三、大道如青天，名师团队踏歌行

三年的共同学习中，我们脚踏实地，发挥绿榕精神，扎根班主任工作阵地，取得了一些成绩：

1. 辐射引领，助力“雏鹰计划”

2020年8月，工作室主持人被任命为“宝安区雏鹰计划培训班主任”，任期为三年，为宝安教育培养年轻班主任，并在雏鹰计划上做《雏鹰起飞，我们在路上》讲座，广受好评。

2. 以赛促教，育宝安教育新苗

金群老师在2020年宝安区少先队辅导员课例大赛中，获第一学区一等奖。

张婷老师在“疫路有你”教育故事比赛中，荣获宝安区三等奖。

工作室成员指导学校青年教师孙艺瑞参加班主任能力大赛，荣获第一学区一等奖。

工作室有8名教师被认定为“宝安区骨干教师”。

黄婷婷、罗勤、刘艳芳均在区级大赛中获奖。

向东华老师荣获“宝安区班主任专业能力大赛一等奖”。

张东霞老师、温锦线老师荣获“宝安区优秀班主任”。

袁园老师所带班级，荣获“深圳市优秀中队”。

3. 交流学习，博采众家之长

在三年时间里，我们成员、学员和深圳市王小玲名班主任工作室、深圳市庞亚燕名班主任工作室、广东省古芹巧名师工作室交流学习；组织大家前往嘉应大学、蕉岭县桂岭学校参观学习；暑假期间，我们开展了“名班主任家庭教育能力提升培训”，成员们都拿到了结业证书，收获了成长。工作室主持人向广东省校长代表团展示了“小荷中队班级文化汇报会”，广受大家好评。同时，我们也注重班主任老师心理学知识体系构建，开展了三期心理学A、B证培训，每个老师都通过专题学习，撰写论文，获得了结业证书。

四、俏也不争春，名师热中贵清醒

在工作室的建设中，我们也存在一些不足，心里也有一些困惑，主要有以下几个问题：

（1）如何精准地定位工作室研究方向？

（2）如何凝聚团队的力量？

针对以上问题，工作室确定接下来的工作方向：

（1）在今后的研修中，我们要通过自我反思、外请专家，精确定位工作室方向。

（2）在班主任研究的实践中，践行工作室研究方向，并取得可操作性的成果。

（3）针对年轻教师较多，我给老师们制定清晰的成长路径，帮助老师站稳讲台，在班主任育人过程中，获得职业幸福感。

回首俯瞰，抬头仰望，在教育局和学校领导的关心帮助下，工作室一路耕耘，一路探索，洒下辛苦汗水的同时，也收获了一份心灵的愉悦与感动。未来我们将继续勇于探索，争取用更优秀的成果来回馈教育局为我们提供的一个这么好的平台，我们期待这棵“绿榕”能在宝安教育的这片沃土里，长成参天大树，引得百鸟朝榕来！

深圳市欧阳凌洁名班主任工作室三年培养方案

宝安区翻身小学　欧阳凌洁

一、指导思想

根据《宝安区名班主任工作室建设方案》指示，欧阳凌洁名班主任工作室将以“研修的平台、成长的阶梯”为工作宗旨，充分发挥名班主任的示范、引领、辐射作用，切实推进班主任的专业化发展，努力打造一支具有现代教育理念和创新精神，能适应深圳城市化、现代化、信息化、国际化发展的“德艺双馨”智慧型班主任队伍。

二、培养目标

（1）建立名班主任工作室旨在扩大名班主任效应，引领一批优秀班主任在规范管理班级的基础上，向个性化、艺术化、专业化方向发展，使工作室真正成为促进班主任教育管理工作发展的平台。

（2）工作室将立足青年优秀班主任，根据成员各自特点，提出发展性的定位建议，建立导、帮、带的开放型模式，进一步提升优秀班主任的专业技能和素养。

（3）通过工作室成员三年时间的共同努力，通过以点带面的途径，搭建起班主任交流、学习、研讨、提升的平台，加大本工作室在市内外的影响力及辐射功能。

三、培养制度

（一）会议制度

（1）每个学期初召开一次工作室会议，讨论本学期工作室计划，确定阶段性工作目标、研讨主题及专题讲座内容等。

（2）每月第一周星期五下午召开工作室成员会议，总结前期工作情况，解决实施过程中的难点和疑点问题，商讨布置下期工作。其余时间为网络自由交流研讨时间。

（3）每学期期末召开一次工作室总结会议，展示学期工作成果及经验、探讨存在问题。

（二）研修制度

（1）各成员制定个人三年发展规划，建立个人成长手册，内容完善，过程清晰，梯度明显，体现成长过程，每学年初提交工作室。

（2）工作室成员任期内在同级班主任中培养和指导1名年轻班主任。

（3）每学年认真总结个人研修情况，撰写一篇反映自己成长发展的年度报告，考察自己的发展状况，有必要时调整个人的发展规划。

（4）工作室成员每学期要明确学习内容、学习目标，按需有选择地进行学习，并利用工作平台交流学习心得。

（5）工作室学员在学习的周期内要上好一节主题班会课，做好一个学生的个案跟踪，写好一篇教育论文，初步形成自己的教育特色。

（6）每学年举办一期“名班主任大讲堂”或班主任工作沙龙研讨活动。

（7）尊重工作室主持人及成员，服从工作室主持人的有关安排，及时完成工作室主持人布置的各项研究任务，协助工作室主持人开展各项活动并提出合理化建议和方案，使工作室能高效运行，互助合作，共同提高。

（三）考核制度

1. 考核形式

每学期结束后由德育处、工作室主持人、专家顾问等组成考核小组对工作室成员进行考核。考核的方式有：查看原始资料、听取成员的汇报、听取学校的评价、深入班级听班会课等现场观摩。

2. 考核内容

主要从师德修养、理论提高、教研业绩、教育能力、研究能力五个方面对成员进行考核。

3. 考核结果

每学期考核的结果分为优秀、合格和不合格三个等级。考核达到"优秀"者将给予表彰和奖励。

（四）档案管理制度

（1）为每位成员建立研修业务档案，主持人做好档案的管理工作。

（2）工作室成员和学员的计划、总结、听课、评课记录、公开课、教学设计、学生个案跟踪、课题相关资料定期收集、归档、存档，为个人的成长和工作室的发展提供依据。

（五）经费制度

工作所需经费参照《宝安区名班主任工作室建设与发展指南》。

四、培养途径

本工作室将以优秀班主任为主体，以名班主任为主导，以学习、交流、研究为主要形式，提高班主任的道德、知识、能力、心理等综合素养，加速优秀班主任带头人的成长。工作室拟采取"导师培养、名家引领、自主研修、榜样示范"四种培养途径，"学习培训、班会观摩、教育叙事、主题研究、无主论坛、交流展示"六种研修方式，而四种途径贯穿于整个研修活动之中，并相互作用，一个培养周期为三年。

（一）四种培养途径

（1）导师培养，工作室主持人应结合工作室成员的自我发展计划，为成员制定、诊断、引领、评价专业发展规划，促使每位成员尽快提高教育教学、班级管理、心理健康和教育科研能力，推动成员的专业成长。

（2）名家引领，通过邀请各级名班主任或其他专家报告等形式，实施名家对话和高端引领，开展理论学习，以开阔学术视野，实现工作经验到教育思想的理性升华，要求做好读书笔记，并定期交流心得体会，实现成员的共同成长。

（3）自主研修，工作室订阅有关教育教学方面的书刊，注重自身教育理论水平的提高，及时更新教育理念。向成员推荐相关书籍，成员自主阅读，吸取理论精华，厚积薄发，通过撰写成长报告、工作反思、工作案例等方式，梳理工作经验，聚焦工作特色。

（4）榜样示范，认真学习优秀班主任爱岗敬业的先进事迹，多反思、多思考、多实践，努力将成员塑造成为业务精湛、家长信任、学生爱戴的智慧型班主任。

（二）六种研修方式

1. 培训学习

每学期培养对象集中培训3—4次，采取专家授课、班主任论坛形式，研究分析班主任工作实践的重点、热点、难点问题，探讨加强和改进班主任工作的对策和措施，并在实践中予以验证，交流班主任工作的创新经验。

2. 班会研讨

以教育案例型主题班会为突破口，以优秀案例为契机，以观摩、交流、研讨为主要方式，将教育与自我教育结合起来，提高班主任教育工作水平，把握好班会课的教育功能，熟练驾驭班会课形式，内化成自己的教育理念。

3. 教育叙事

通过对有意义的教育实践经验的描述、分析、发掘或揭示内隐于日常事件、生活和行为背后的意义、思想或理念，改进教育教学实践，丰富教育科学理论，促使教育策略与实践更加完善和灵活。

4. 课题研究

通过学校德育处或工作室确定的课题研究参与或自我申报立项，逐渐形成独立开展课题研究的科研能力。

5. 交流展示

通过讲述自己的成长轨迹和工作经验，通过点评他人经验并提出发展建议，开展汇报交流活动，可以展示成员的特色和思想，提升成员的水平，也可以提升同伴的认识水平、鉴别能力和指导能力，以实现双赢共荣。

6. 考察交流

工作室尽量创造条件，将在培养周期内组织培养对象外出观摩学习和借鉴其他优秀班主任工作的先进经验。

五、培训内容

四大系列：班主任理论研修、班主任智慧教育、班主任反思与成长。

（一）理论研修

1. 目的

引导班主任深入学习现代教育思想，树立现代德育理念，掌握德育基本规律和方法，具备先进的班级管理经验，在班级管理、班级建设中勇于改革创新，具备现代教师专业成长的理论和方法，成为具有现代教育意识和教育智慧的班主任。

2. 专题讲座

①教育热点探讨：做智慧班主任；②德育创新与发展：主题班会设计；③德育创新与发展：课题研究；④德育创新与发展：做反思型班主任。

3. 自主学习

李小鲁：《教育作为人的生存方式》，广东教育出版社，2007年。

韩东才：《班主任基本功：班级管理的基本技能》，暨南大学出版社，2009年。

田恒平：《中小学班级常规管理》，华东师范大学出版社，2008年。

张万祥：《班主任专业成长的途径：40位优秀班主任的案例》，华东师范大学出版社，2008年。

朱永新：《中国著名班主任德育思想录》，江苏教育出版社，2003年。

4. 学习要求

（1）参加集中培训，积极参与问题讨论与学习交流，提供讨论和学习交流的书面资料。

（2）在自主学习中，认真做好读书笔记，并写读后感。

（二）智慧教育（主要采取无领导论坛）

1. 目的

提升班主任的教育境界，在教育理智、教育意识、教育能力、教育机智、教育艺术等方面都有探索与追求，提高解决各种结构性冲突并善于将内外各种因素实现优化组合的能力。

（1）班级管理的智慧。

（2）班干部培养的智慧。

（3）主题班会、班集体活动设计智慧。

（4）教育、批评学生的智慧。

（5）后进生转化智慧。

2. 自主学习

[英]麦克·马兰、里克·罗杰斯：《班主任一定要面对的9个问题》，张清泉译，中国青年出版社，2012年。

韩东才：《班主任基本功：班级管理的基本技能》，暨南大学出版社，2009年。

魏书生：《班主任工作漫谈》，漓江出版社，2005年。

王颖：《广东省中小学优秀班会课案例选》，广东高等教育出版社，2006年。

黄可国：《班主任管理班干部的学问》，北方文艺出版社，2008年。

赵凯：《好班规打造好班级》，西南师范大学出版社，2005年。

肖川：《教育的智慧与真情》，岳麓书社，2005年。

万玮：《班主任兵法》，华东师范大学出版社，2004年。

3. 学习要求

（1）通过培训学习后，撰写班主任工作案例，剖析成功或失败的原因。

（2）每一个培训阶段，进行教育故事叙述活动。

（3）教育研究成果的形成和研究文章的撰写（中期）。

（三）班主任反思与成长

1. 目的

班主任培养对象专业成长的实质是自主成长，而教育反思则是自主成长过程不可或缺的途径。名班主任工作室主要是通过培训，提高优秀班主任专业成长的自觉性、自主性和自我发展能力，明确自己的教育方向，科学而理性地设计、实施自己的教育，同时不断地总结、提炼、升华自己的教育实践，从而促进班主任培养对象的自主发展。

2. 内容

（1）班主任的事业追求与专业成长规划（第一阶段）。

（2）反思型、智慧型班主任的自我成才之路（第二、三阶段）。

（3）培养对象成长汇报。

3. 自主学习

韩东才：《班主任叙事：讲述你的教育故事》，暨南大学出版社，2008年。

鱼霞：《反思型教师的成长机制探新》，教育科学出版社，2007年。

徐康：《苹果里的星星：大师名篇诵读》，军事谊文出版社，2007年。

陶继新：《教育先锋者档案：教师版》，教育科学出版社，2006年。

张万祥、万玮：《教师专业成长的途径——30位优秀教师的案例》，华东师范大学出版社，2005年。

4. 学习要求

（1）第一阶段第二次学习，提交“个人专业成长计划”。

（2）第二阶段第一次集中学习，提交“个人特色发展方案”。

（3）第三阶段中后期，提交10个教育叙事、10篇读书笔记和相关研究成果，建立德育资源库。

深圳市欧阳凌洁班主任工作室

2019年12月22日

附件：欧阳凌洁名班主任工作室课程一览表

时间	内容	备注
第一阶段	1. 德育创新与发展：做智慧型班主任。 2. 德育创新与发展：班会课。 3. 研究课题的选择与课题实施。 4. 成员外出学习。 5. 外请专家讲座	1. 提交“个人专业成长计划”提交“个人特色发展方案”。 2. 探讨适合自身实际的课题，并撰写开题报告。 3. 提交读书笔记、教育叙事以及外出感想

续 表

时间	内容	备注
第二阶段	1. 德育创新与发展：课题研究。 2. 反思型、智慧型班主任的自主成才之路系列。 （1）班级管理的智慧。 （2）主题班会、班集体活动设计的智慧。 3. 班会课观摩研讨。 4. 成员中期汇报。 5. 成员外出学习	1. 提交课题中期汇报。 2. 初步建立德育资源库。 3. 出工作室简报
第三阶段	1. 德育创新与发展：做反思型班主任。 2. 反思型、智慧型班主任的自主成才之路系列。 3. 教育、批评学生的智慧。 4. 班干部培养智慧。 5. 后进生转化智慧。 6. 成员终期考核。 7. 课题结题	1. 提交相关研究成果（讲座、文章、荣誉等），并进行相互交流。 2. 总结三年研究成果，参加名班主任工作室成果汇报

深圳市欧阳凌洁名班主任工作室管理制度

宝安区翻身小学　欧阳凌洁

一、工作室会议制度

（一）工作室例会制度

工作室每月第一周的周三下午召开一次例会，讨论阶段性工作目标、工作任务；每学年至少安排两次阶段性工作情况汇报会议，督促检查各项工作的实施情况，解决实施过程的难点。

（二）工作室研讨制度

（1）工作室成员积极参加各级各类德育研讨活动。

（2）工作室建立“每月一主题”研讨制度。由工作室根据研究方向确定主题，每月集体研究一次。（形式多样地展开活动）

（3）工作室研究讨论问题要定好中心发言人，提前做好发言准备，其他成员要各抒己见，以达到预期的目标。

（4）每学期召开一次总结，总结经验结果，梳理存在问题，研究解决办法。

（5）每个周期（三年）结束后安排一次成果展示交流活动。

二、工作室研修内容和方式

（一）工作定位目标及内容

1. 工作宗旨

让工作室成为“激发班主任潜力，凝聚班主任合力，辐射班主任威力，焕发班主任活力”的学习平台、交流平台、展示平台，成为班主任专业化成长的绿榕家园。

2. 工作理念

本着“榕爱、榕智、榕趣”的理念，打造“学习+创新”型活力团队。

3. 工作目标

结合本工作室特点，加强班主任理论学习，唤醒班主任专业意识，并在吸取、沉淀前人经验的基础上，做好个人特色分析、找准发展优势，开阔创新，形成班主任育人思想和班级管理特色，打造一支“学习+创新”型活力团队。

（二）工作内容

1. 自主规划

每个成员做深入的自我分析，找准发展优势，获得个人成长和专业发展的信心，确定发展方向与目标，制定发展规划。

2. 理论引领

理论决定实践的高度，工作室采取日常研习和集中合作研修的形式，为成员搭建学习、交流和展示的平台，倡导锐于发现、善于反思、勇于创新、精于积累、勤于写作，走自主发展的专业化成长道路，在工作室的成员间形成互学、互荐、共进的学风。每位学员每学期必须深入研读至少一本由工作室推荐的德育或心理健康著作，撰写读书体会。

3. 践行研讨

通过“工作室”为班主任教师提供学术交流、智慧分享的互动平台，定期聘请专家指导、讲座，以课题研究为抓手，以一系列活动为载体，以自主研修与团体交流为途径，定期开展各项比赛，专题研讨、经验交流、案例研究等活动促进成员相互学习与探究，促进其专业化发展。

4. 科研导航

以课题研究为抓手，各成员根据自身优势、班级特点，围绕工作室课题申请小课题，通过课题研究提高工作室全体成员的科研能力和科研水平，引领工作室成员发挥自身优势，提升教育智慧，探索并形成班主任育人思想和班级管理特色；指向当前德育重点难点与热点，或根据班主任工作中的困惑，制定教研专题，由专人负责，选定中心发言人，进行“德育沙龙”或讲座释疑解惑、研讨共鸣、互学共进。

5. 辐射示范

通过教育叙事、示范性班会课、专题讲座、经验交流、班主任工作论坛等形式，发挥名班主任的示范和辐射作用，促进班主任队伍的专业成长，最终培养合格名班主任；建立班主任工作资源库，与广大班主任同行共享；组织成员外出指导或学员外出参观，学习先进的教育理念和教育方式，以提高教育水平。

（三）研修方式

以“专家引领—专题探究—自主研习—团队交流—实践反思”为基础模式，通过自主规划、理论引领、践行研讨、科研导航、辐射示范五个模块，采取研讨会、讲座、读书会、论坛、上课、磨课、评课、发表论文案例、课题研究、成果展示等方式进行培养，充分运用网络平台进行交流。

三、工作室考核制度

（1）工作室成员考核主要关注培训实效，每个周期（三年）在市级以上刊物至少发表教育论文1篇，参与完成省级德育课题。成员工作业绩可作为评选优先的依据。

（2）工作室考核内容主要从思想品德、工作态度、理论水平、管理能力、教育水平、研究能力等方面进行考核。考核方式主要有：查看原始资料、听取汇报、深入班级听班会课等现场观摩。

（3）工作室学员每学年至少在工作室公开研讨一次。每学年在市级以上刊物至少发表教育论文1篇，或参加当地（市、区、县）学术会议论文评比获一等奖并在年会上交流；每学年至少至少完成德育“五个一”工程，参与完成省级德育课题子课题（或主持完成市级德育课题）。

（4）在周期（三年）考核合格的学员授予“名班主任工作室优秀成员”荣誉称号。

四、工作室的档案管理制度

（1）建立工作室档案制度，并由工作室管理。

（2）工作室成员、学员的计划、总结、听课、评课记录、公开课资料、案例、教育叙事等材料及时收集、归档、存档，为学员个人的成长和工作室的发展提供依据。

五、工作室的经费保障使用制度

名班主任工作室以每周期不低于10万元的标准提供经费资助，经费主要用于名班主任工作室的教育研究、学术研讨与交流、图书资料购置，以及外出指导和考察参观。名班主任工作室经费需专款专用，由相关部门进行监督管理。

深圳市欧阳凌洁名班主任工作室人员职责

宝安区翻身小学　欧阳凌洁

一、主持人职责

负责工作室全面工作，发挥专业引领与示范作用，组织开展工作室课题研究、培养团队成员、建立管理制度和推广研究成果，确保三年周期内达成所有预期目标。

（1）根据工作室的目标和所在单位的实际情况，制定工作室的工作计划及相应的工作制度。

（2）制定工作室成员、学员的培训计划，帮助成员、学员制定个人专业发展计划并督促实施完成，组织对工作室组成人员进行评估考核，建立本工作室成员、学员的个人发展档案，对工作室成员、学员实施全程指导。

（3）制定工作室教育教学科研课题研究方案，主持课题研究工作。

（4）组织开展教育教学研究及实践活动，根据需要邀请校内外专家、教授指导工作，组织成员到教育先进地区学习考察，学习兄弟学校先进的教学理念和教学方法。

（5）负责本工作室的日常事务管理及经费使用、管理。

二、工作室成员、学员职责

（1）在工作室主持人的指导下，制定培养周期内的个人发展目标和具体的实施计划，定期参照个人发展目标和计划，督促自我发展。

（2）积极参加本工作室组织开展的各项教育教学研究及实践活动，按时、保质、保量完成工作室规定的学习任务、科研任务和其他必须的相关任务。

（3）工作室成员采取集中和分散的不同方式，加强理论学习，每年至少阅读一本教育教学理论专著，不断更新教育观念。与德育处活动相结合，每月学习交流一次。

（4）工作室以“一班一品班级文化建设”为研究着力点，每个成员至少上一节班会课，写作一篇德育论文，在教研会议上交流，或获区以上奖励，或在区级以上刊物公开发表。

（5）做好个人专业成长记录，及时撰写阶段性发展总结。及时总结反思，提炼个人教学风格和教学特色，撰写教育教学论文。

班级管理篇

聚是一团火，散是满天星。每一个孩子都是独特而美丽的星星，班级管理就是发现、擦亮每一颗星星，让每一颗星感受到自己在班集体中独特的光芒，让这些星星互相照亮，群星闪耀传递爱。

故事，向情感更深处漫溯

宝安区翻身小学　欧阳凌洁

一个青春期的女孩，表现得十分叛逆，时常与母亲发生激烈的冲突，母亲尝试了很多方法却无济于事，因此十分伤心难过。可是有一次，女孩无意中发现了母亲写的怀孕的故事，上面记录了母亲是高危孕妇，尝尽苦难，度过重重危机，才生下了女孩。女孩的眼眶渐渐湿润了，内心受到了巨大的震动，自此行为发生了巨大的改变。从这个小小的故事，我们看到故事对于学生行为转变的不可估量的作用。

故事之美，美在沟通、美在呵护、美在扶助、美在提升。每一位班主任都应该做一名会讲故事的有心人，以“故事律动童心”，让故事为德育开天窗、践行、前行。

一、自己的故事，在幽默中明确方向

讲述教师自己的故事，特别是自黑的故事，往往更能引起师生共情，对于一些棘手问题，也能起到四两拨千斤的作用。如：

孩子们进入青春期，男女同学会有一些暧昧的小苗头，一些女同学喜欢看一些言情小说。发现了这些现象后，我给同学们讲述自己的故事：“我小学六年级时好喜欢班上的一个男同学，每天都偷偷看人家，觉得那个同学长得好帅，后来随着年龄增长，阅历增加，发现这个男同学除了帅点儿，也没啥优点，学习也不认真。上了大学、走上工作岗位，我们发现周围有许多积极、上进的男士。再回头看看，这个男同学在思想、学识上根本配不上我。”

同学们眼睛亮亮的，随即哈哈大笑起来。我又趁机点拨："欧阳老师是你们的知心老姐姐，姐也年轻过，你们的心里想什么，我都清楚。但夏天不摘秋天的果，我们现阶段要好好学习，不断提升自我，完善自我，才能遇见更美的风景，遇见更好的另一半。"

青春期朦胧的爱，是美好的，我们既不能粗暴制止，也不能回避问题，我们需要直面青春期的情感，通过讲述的故事，传递正确的爱情观、择偶观。正如古人说："堵而抑之，不如疏而导之。"

二、红色经典故事，树立理想信念

爱国主义是永恒的主题。讲述红色经典故事，赓续党的精神血脉，这也是班主任该有的责任与担当。

同样是青春期的情感问题，我不仅讲述自己的故事，而且还开展了"荷韵班本课程——烽火里爱情"主题故事活动。活动里我以《毛岸英和刘思齐的故事》《刑场上的婚礼》等故事，讲述了在那个战火纷飞的年代，革命烈士牺牲儿女情长，把青春和生命献给党，献给人民，献给革命。许多同学潸然落泪。

一位同学在听完故事之后，这样写道：爱情需要双向奔赴，是两人不停的努力。烽火里的爱情也是如此，刘思齐对毛岸英的几十年的思念，杨开慧那"死不足惜，惟愿润之革命早日成功"的名句，他们的爱情不像普通人的爱情轰轰烈烈，也不像现在的小情侣那般卿卿我我，他们的爱情是共同进步、共同努力而产生的，是神圣的、纯洁的。

活动结束时，很多同学都写出了对革命前辈深深的崇敬之情，也写出了自己对爱情的看法，活动起到了一箭双雕的作用。

三、讲述法治故事，增强法律意识

加强对青少年的法治教育，设立法治知识课堂，这既是党中央的要求，也是建设社会主义法治国家的必然要求，讲好法治故事是班主任应该具备的基本功。

我们班的男同学有时比较小气，常常为了排队、占位置等小事，发生冲突。我经常调侃他们："地球已经容不下你们了，天天挤那点儿地方。"

除了对孩子进行“友好相处”“宽容他人”的教育，我还讲述发生在高校同学之间的一些恶性法律事件，如复旦投毒案、马加爵案。在讲述完这些故事后，我会给孩子们总结，这些悲剧本来可以避免，这些学生都是天之骄子，原本都是同学之间的一些小矛盾，大家互相退一步，心胸开阔点，就没什么事了。现在大家弄得家破人亡，让人唏嘘。同学关系是人生中非常重要的关系，需要每个同学用心经营。

对于时事法治故事，即时分享。针对不同的问题类型，讲述不同的法治故事，在润物细无声中，培养孩子的法律意识。

四、讲述身边的故事，感受榜样的力量

身边的故事可以是同学们的故事、往届学生的故事、其他老师的故事、学校周边所见所闻都可以分享给同学们。同学们在熟悉的人和环境中，更容易产生共情，大家都爱听。

给同学们讲往届学生的故事，是很多班主任老师的拿手好戏。有同学喜欢为自己考试成绩不好找借口，认为是同桌、座位等影响自己，我用已经毕业的优秀的萱同学为例，讲述萱同学几乎都坐在后面的位置，周围坐的向来都是班上最吵、话最多的男生，但她从未向老师投诉这些男同学，每天上课目光如炬，聚精会神，考试回回都第一，从这个例子说明，优秀的成绩和那些外在因素没有什么太大关系。

文学少年大力哥、待人接物得体的婷同学、刻苦练习书法的智哥……我把这些岁月馈赠给我的故事，与孩子们一起分享，让孩子们从优秀同学身上汲取力量。

与学生们一起分享缤纷的故事，一起穿行在情感流淌的德育课堂中，就是班主任的永恒时光，也是教师和学生之间的唯美“遇见”！作为一名班主任，让我们撑一支故事的长篙，带领孩子们在情感更深处漫溯，在星辉斑斓里放歌。

嗨！一起游戏吧

宝安区翻身小学　张　婷

在一次教育讲座中，学者提出了这样一个问题："我们离童心有多远？"我想说：是一场游戏的距离。教育的任务不仅仅是给予孩子们不断增多的知识，而且是形成一种内部的深刻，游戏就是走进童心、融化童心的催化剂。

游戏一：一句话

第一次担任一年级班主任的时候，前两周都是在苦恼中度过的。一年级宝宝甚是天真可爱，可是打小报告的声音此起彼伏："老师，小明拿了我的橡皮擦。""老师，小红刚刚打我。""老师，小青把我的书碰倒了。""老师……"在这种稚嫩又淘气的声音中，毫无低年段教学经验的我手忙脚乱地度过了开学第一周。

周末，我见人就大吐苦水，也无比怀念我那群可爱的高年级孩子，不禁感叹：看来现在的小王子和小公主比起我们是有过之而无不及呀，真的是又淘气又小气！

第三周校园的"阳光体育"活动开始了！孩子们神采奕奕，而我的担心又开始了：他们会不会摩擦不断，然后我就在处理小纠纷中度过四十分钟？然而出乎意料：他们竟然全程友好地做游戏。不得不说这是我开学两周最轻松的四十分钟。放学后我静静坐在办公桌前，心想：要是每一节课都是阳光体育就好了，轻轻松松地做游戏，开开心心地玩耍。对呀！他们小屁孩不都最爱做游戏吗？那就让他们在游戏中"化解恩怨"吧！

第二天，我就在班上公布了这个有趣的"一句话"游戏：这句话就是

"没关系"。我列举了很多平时他们会出现的"小意外"，如果对方主动承担责任，那么你就对他说"没关系"；如果对方没有发现自己的小失误，那么你也在心里跟自己说"没关系"，最后我们看看哪个小可爱可以成为最大方的"宽容"冠军。慢慢地，孩子们彼此之间的小矛盾越来越少了，曾经进门不小心碰到彼此都能干一架的小屁孩，到现在五年级了遇到很多"小障碍"时都会彼此会心一笑，嘴里或者心里说着"没关系"。

现在回想起来，孩子跟老师"打小报告"或许不是因为"小捣蛋"淘气或者是"小可爱"小气，而是渴望被关注。游戏开始之初，孩子们还是经常过来告诉我：谁谁怎么样了，但是我说了没关系。说了这句"没关系"，不仅仅是我作为倾听者心里的改变——从担忧走向开心，还是倾诉者对待事情的态度的改变——在生活中提醒自己做一个遇事冷静、宽容大度的人。

游戏二：一个瓶盖

一个小小的瓶盖可是有神奇的凝聚力哦！不信？您看！

那天早上，连续上了两节课的我嗓子干得冒火，喝了很多水也于事无补。眼睛不小心瞄到躲在角落里的蜜糖，心里一阵窃喜——有救星！可能是蜜糖罐子失宠太久了，盖子已经和瓶身黏在一起了，办公室的同事哪怕是瞬间让自己从"柔妹子"变成"女汉子"，也丝毫不能动摇瓶盖和瓶身的密切关系。

这时，下课铃声响起，我拿起蜜糖罐子去找"救兵们"做游戏去了。我告诉他们这个课间来玩"谁是大力士"的游戏，谁拧开了瓶盖，就可以和老师一起分享蜜糖。这时，孩子们争先恐后地想要参加这个游戏，毕竟是有糖吃的。最高最壮的东东同学第一个上场，使出了吃奶的劲也没拧开瓶盖；自称是投篮高手的赫赫也出手了，然而表情狰狞也没能解决……一个又一个孩子的尝试都以失败告终，但是没想到平时在班上力气最小的孩子溪溪竟然拧开了瓶盖！要知道平时她可是连抱作业本去办公室都很吃力呢！同学们一片哗然，觉得这就是奇迹！

上课了，孩子们还意犹未尽地想着刚刚拧瓶盖的事情，细细碎碎的声音和满是疑惑的眼神让我知道这节课务必先解决"这一世纪大难题"。我让溪溪说了自己拧瓶盖的感受——力气最小的她竟然说没花多大的力气就拧开了，这句话刚落下，教室里瞬间就像炸开了锅。脑海中灵光一现，我想起了一个故事：《压死骆驼的最后一根稻草》。一个主人有一匹老骆驼，它一天到晚任劳任怨地干活。有一次主人想知道它到底能驼多少东西，于是就不断地加、不断地加稻草，老骆驼依旧没什么反应，于是主人拿起一个稻草轻轻地放在骆驼身上，没想到老骆驼轰然倒下。

讲完这个故事，我就问孩子们：真的是最后这根稻草压死老骆驼的吗？他们摇摇头，我马上又追问：刚刚的拧瓶盖是靠溪溪的一己之力拧开的吗？反应极快的桐桐就说："是因为前面很多人一次又一次地拧瓶盖，慢慢就会变得越来越松，溪溪才可以一把拧开瓶盖。"这时，孩子们恍然大悟：原来是靠大家才能拧开瓶盖，是团结的力量让困难不再难。随后，我就蜜罐里的蜜糖分给了班上的孩子们尝了尝，他们都说虽然嘴上不够甜（因为人数较多，每个人只分到了一点点），但是心里比喝了蜜还甜。

苏霍姆林斯基曾说：一个老师最主要的任务就是培养孩子敏锐的感受力。借助游戏的力量，催化孩子们的感受力，让静态的知识在"复活"中走进孩子的精神世界，成为孩子成长的养料。

春风化雨乐成长，潜移默化润心灵

宝安区翻身小学 罗 勤

莫羡三春桃与李，桂花成实向秋荣，十月的翻身小学校园，桂花飘香。雨后绚丽的彩虹划破天际，灿烂了我们的笑脸，渲染了我们的心情。师生们沉浸于这秋的韵致。

校园的桂香、上课的铃声、孩童的笑脸一切都很适宜。乘着这美丽的心情我们就一起来聊聊五（2）班“红旗飞扬”中队班级文化建设的那些事。

一、“红旗飞扬”中队名字来源

2019年是中华人民共和国成立70周年，为了庆贺祖国的华诞，孩子们说我们中队的名字要和国家紧密联系在一起。在班会课的时候，同学们积极参与给中队取名。如：旗帜飘扬、红旗招展、红旗飞扬等等。最后大家通过举手表决一致通过五（2）班命名为“红旗飞扬”中队。寓意着我们在国旗下茁壮成长。

二、“红旗飞扬”班徽的创作

有了响亮的名字，一个有代表意义的班徽更能彰显班级的文化内涵。再次发挥集体的智慧，全班进行班徽设计大赛。同学们拿起手中的画笔认真地为班级设计班徽。最终谢铭婷小朋友亲手绘制的班徽赢得了大家的青睐。班徽中绿色的圆形边框代表充满朝气的我们，圆环里黄色的麦穗代表勤劳、积极、向上的集体精神。圆环中间人们手拉手簇拥着北京天安门。代表着我们热爱和拥护国家的决心。

三、班级精神文化建设——班训、班风、口号、班歌的形成

班训、班风、口号、班歌是班级精神文化的重要组成部分。是班级全体成员的群体意识、舆论风气、价值取向、审美观念等精神风貌的反映，是班级文化的核心。根据“红旗飞扬”的中队主题，创立班训：鹏城学子勤善思，与国共进梦飞扬。班风：爱国立志，求真力行。口号：心向红旗，心向祖国。

全班分成八个小分队；箭旗队、护旗队、旗杆队、旗焰队、旗帜队、战旗队、红旗队、旗舰队。班歌：《我们都是追梦人》，八个队的成员组织一次班歌比赛。鼓励学生唱好班歌，也是为学校“经典咏流传”的合唱比赛做准备。班训、班风、口号、班歌的形成增强了班集体的向心力和归属感。

四、班级环境布置

利用好教室的每一个空间，精心布置。营造良好的成长环境和氛围，让孩子们感受美的熏陶，发挥班级文化“润物无声”的功效。让有限的教室空间成为无限的教育资源。

1. 设立卫生角、荣誉角、图书角、心语信箱

“旗之净”卫生角：干净、整洁的教室环境有益于孩子的身心健康，同时也能够为师生提供良好的学习环境。全班55名学生，每天安排11名学生打扫班级卫生，做到工具有序摆放、教室整洁干爽。2名值日班长负责“电脑、电灯、空调、门、窗”五关的最后落实。

“旗之光”荣誉角：榜样的力量是无穷的。在板报右侧设班级荣誉角，每月评选一次，通过评选“月优秀干部”“月向善学子”“月进步学生”，“月读书明星”“月文明之星”选出五名同学，收集班级学生的“小手印”和红色颜料纸粘贴在荣誉角。“旗之光”荣誉角展示本月优秀学生风采，起到引领示范作用。

“旗之熠”图书角：书籍是人的精神食粮。为了丰富学生的知识，开阔视野，充分利用好班级图书柜，号召每位同学捐出2—3本课外读物，归类摆放。方便学生借阅图书，营造阅读、悦读的氛围。

“旗之语”心语信箱：把自己的心里话跟老师说一说，学生可以把自己

的生活或者学习困惑，抑或是对班级好的建议和想法写下来，放进“旗之语”心语信箱，让老师来帮忙协助解决。

2. “旗之彩”班级宣传栏

“旗之彩”为班级内墙的黑板报布置。根据10月学校要求的“爱我中华，传承文化”主题粘贴学生的手抄报，两边的小黑板绘画“爱我中华，传承文化”的主题内容。内墙下面展板展出学生的优秀书法作品。

“旗之锋”号成长小列车在班级另外一处内墙。有五节小车厢，车厢展示孩子们从一年级到五年级的集体活动合照。

3. “旗之灿”班级特色文化园

“旗之灿”班级特色文化园包含教室外墙的四个板块，第一块展示栏为班级特色文化园，融合班名、班训、班风等内涵，收集学生在校园里手拿国旗祝福祖国的照片。第二个板块的数学天地是思维导图，第三个板块的英语角是节日邀请卡，第四个板块的快乐假期是德育作业展示。

4. “旗之约”班级制度文化建设

制定符合班情、学情的班级公约、奖惩制度、值日值岗制度等班级制度，使学生在一定的准则规范下自觉地约束自己的言行。“旗之约”各项规章制度统一粘贴在黑板报左侧的班务栏展示。

创中队特色，扬班级风采。我们班主任要切实发挥班级文化的育人功能。通过班级文化的建设启迪学生思想，陶冶学生情操，滋养学生的心灵，塑造积极向上的班级精神，促进学生健康成长！

小卡片，大赞美

宝安区翻身小学 詹燕苗

曾国藩在家书中把“扬善于公庭，规过于私室”作为一条重要秘诀，赠送给自己的弟弟，探讨的正是表扬和批评的关系，即在公开场合要多表扬他人的优点，至于不足适宜私下规劝。本学期，蓝海中队的孩子们，用小卡片玩转大赞美。

一、误打误撞——活动缘起

蓝海中队共有53名小队员，其中女生只有21人，男生却有32人，如此男女生比例，再加上好几个心智相对晚熟的孩子，每天上课，老师们都有玩“打地鼠”的感觉，调动好这一边的娃认真上课了，另一边又冒出来开小差的娃。苦于现状，我们把“小地鼠”们集合在一起，组建了“小神龙组”和“小天才组”（孩子们起的队名，一听就能量满满）。课堂上老师们当然是“特别关照”这两个组，为此，其他小组有同学愤愤不平，表示要上课不听讲以加入这两个小组。我听到这消息内心颇有“偷鸡不成蚀把米”的感觉，赶紧想办法补救。于是假装不知道孩子们内心的“波涛汹涌”，在班会上细数“小神龙组”和“小天才组”通过努力在各方面取得的“巨大”进步，表示他们得到老师的肯定和表扬是实至名归。顺水推舟地邀请其他小组的同学一起来为他们点赞。在我的大肆渲染下，孩子们都觉得：是的，小神龙们和小天才们进步巨大，要好好夸一夸。我拿出课前匆忙裁剪好的小纸片，说：“表扬的话，夸奖的话，赞美的话，虽然力量巨大，可是说完了就消失在空气中了，不如写下来，这样你的赞美就可以一直陪伴着他们了。”

于是一张张写着肯定、鼓励、赞美的小纸片送到了小神龙们和小天才们手中。而我发现，羞怯地收下赞美的小神龙们和小天才们，在那几天的表现更棒了。这让我想起来了皮格马利翁效应。皮格马利翁效应是指热切的期望与赞美能够产生奇迹：期望者通过一种强烈的心理暗示，使被期望者的行为达到他的预期要求。这给我们启示：赞美、信任和期待具有一种能量，它能改变人的行为，当一个人获得另一个人的信任、赞美时，他便感觉获得了社会支持，从而增强了自我价值，变得自信、自尊，获得一种积极向上的动力，并尽力达到对方的期待，以避免对方失望，从而维持这种社会支持的连续性。

二、不拘一格——活动发展

看到孩子们对同学的赞美如此重视，加之平时的观察发现大部分孩子还没有养成欣赏别人、赞美别人的习惯，我知道了，这小纸片里有大文章。我决定把活动常态化，和孩子们一起给活动取名——点赞行动。想赞就“赞”。

又到班会课时间，我给每个同学发了一张准备好的精美小卡片，告诉大家，你想夸谁就给谁写，大胆写下你的赞美吧。课后，我悄悄统计了一下，有十来个孩子没有收到同学的卡片，有几个孩子收到了好几张卡片。再一分析，收到好几张卡片的孩子，都是班级里的“明星”人物，而没有收到卡片的同学则是班上相对沉默的孩子。

1.“抽”谁“赞”谁

随着“点赞活动”的开展，我发现孩子们在赞美同学的时候大都是概括性地说优点，不懂具体的贴切的赞美更能给人力量。我亮出“神奇雪糕棒”，随机抽取8个同学（可能就有上期点赞行动中没有收到卡片的孩子），请同学们“认领”点赞对象，要求是你决定为谁点赞了，这一周要留心观察你的点赞对象，到周五写点赞卡片的时候，赞美之词要源于具体的事例。又是一周，再亮出“神奇雪糕棒”，随机抽取一根雪糕棒，在小组内座位顺序与雪糕棒上的数字相同的孩子成为本周幸运儿，本组其他同学本周的点赞对象，同样要留心观察，赞美之词要源于具体的事例。

2.就“赞”自己

经过几周的点赞行动，孩子们在观察同学、为他人点赞的过程中，更加明白什么样的行为品质值得点赞。又到班会，孩子们正猜想这周我会怎样抽签的时候却听到我说：为自己点赞！观察自己，相信自己，并进行自我激励。我认为这样积极的评价，是孩子们在为自己的前进增添动力，有这样的自我欣赏和赞美，才可以为自己创造奇迹。

3. “赞赞”老师

身为老师的我们总是想尽办法去发现孩子的每一个优点，每一点进步，大肆赞美。反之，老师也爱被赞美。赞美老师讲故事真好听、赞美老师上课好好玩、赞美老师画画好漂亮、感恩老师开小灶辅导功课……这样的赞美，老师们表示非常疗愈哦!

4. 个人专“赞”

每个班级里都有让老师特别上心的孩子。上一届毕业班，我就试过给几个孩子写留言条，有些话嘴上说千万遍，孩子也不一定听到心里去，可是文字却有魔力，既能长时间保留更能直击孩子内心最柔软的部分。既然点赞行动成为常态活动，那自然可以成为我和某个孩子的特殊交流渠道。希望日后看到这些卡片时，你们会感觉温暖。

5. 重磅大“赞”

看到学校发出期中家长会的方案，我内心马上有了重磅大“赞”计划。班会课上和孩子们聊一聊爸爸妈妈后发出本周小卡片，请孩子们写下对爸爸妈妈的赞美，交给老师，作为当晚家长会上给家长的特殊礼物。看着孩子们一个个郑重其事的模样，真是可爱；看着孩子们一句句真挚的话语，真是暖心。晚上，家长们看着这份特殊礼物，泪点低的妈妈们都悄悄擦拭起了眼泪。这或许是大部分家长收到的孩子们第一份书面的赞美和感谢吧！当然，孩子们也有特殊礼物。借由家长会的机会，让家长写下对孩子的赞美后暂存在我这里。而我一周设置一次惊喜时刻给孩子们抽取一次重磅大“赞”。借由这样的亲子互动，我想这对于缓解一提作业就紧张的亲子关系也是好处多多的，更重要的是让孩子和家长都留意生活的点滴，让生活的琐碎变成温暖彼此的爱。

雕塑家罗丹说：世界上并不缺少美，而是缺少发现美的眼睛。我说：对于孩子而言，美是无处不在的，缺少的是表达美的习惯。记录“点赞行动”，也是对我自己的一次点赞，鼓励自己继续将活动常态化，让孩子们不仅拥有发现美的眼睛，更拥有表达美的习惯。

奏响班级“集结号”

宝安区翻身小学 张东霞

2020年9月1日，这是一个值得纪念的日子，55位小朋友从不同的地方走来，相聚在一（4）班的教室，彼时彼刻，他们的脸上写满稚嫩。从此，一个班级诞生了；自此，从一个班的集合到一个班的集体，这条道路上写满了故事……

一、学会“偷懒”：班干部培养点带面

要让一个班级从“集合”蜕变为“集体”，这需要智慧和爱心的浇灌。我尝试实践的第一个办法就是：培养班干部，实现“以点带面”。

一个班级总会有少部分孩子适应能力特别强，个人能力比较突出，这种孩子一旦被挖掘出来，对班级的发展真是大有裨益，我就是他们的“伯乐”。我有个习惯，班长总是设三个，正所谓“三足鼎立”，让班长也能在竞争中不断成长。很快，三个班长在我的严格训练下，马上进入状态，开始了他们的管理生涯。班长张然善解人意，急同学之所需，总会在恰当的时候给予同学关怀与帮助，如陪同学去医务室、帮同学拿东西等温馨之举，她就像是班上的“小家长”，同学们都已经习惯了有事找张然。班长李宏烨凭着帅气的脸蛋已经收获了许多小粉丝，但他的个人魅力绝不止于外表，而是由内而外散发的英气，无形之中，他的周围有一种“自然场”的吸引力，无论他在哪儿，同学们的目光都会集中在他身上，估计这就是他多年舞台经验累积的“气场”吧。郭彦婷是一位特别懂事的小姑娘，很通人事，从她的一言一行、一颦一笑都可看出，最重要的是，她的身上散发着“威严”的光芒，

这孩子值得托付，于是我把班级托付给了她，她果真从未让我失望。

刚组建起来的我们班，气质超群，可以用两个字来形容，那就是“跳脱”。什么“四大魔头”“八大金刚”，用来形容我们班都不合适，因为还不够数。用术科老师的话来说，上我们班的课，就是在“打地鼠”，按下一个又蹦起几个。那又如何呢？那就再设几位班干部，一个人分管几个，我想总是管得过来的吧。于是，借着学校的“安全文明岗”，我又发挥自己“忽悠”的本事，郑重其事地设立了“任命大会”，在班上大肆宣扬“安全文明岗”的职责荣耀，最后所有同学都相信“安全文明岗”是跟护导老师一样厉害的角色，甚至个别班长还想跟我“辞职”换岗位。由此，我们班的安全文明岗特别爱岗敬业、默默奉献，袁昊宇同学坚持在一楼大堂担任“厅长”，用他的一双充满智慧的眼睛去守护一群爱跑爱闹的同学；张恺同学每天守在教室前门充当“门神”，用他的眼神去提醒同学轻声慢步、按时到校。直到今日，我们班的安全文明岗依然坚守在岗位上，替我分担，而我，则是慢慢享受“偷得浮生半日闲”，优哉游哉。在此感谢各位家长，给我送了一批如此单纯又可爱的娃娃！我真的好爱他们呀！

在这些得力的班干部们的带领下，班级整体慢慢步入正轨，孩子们的行为习惯逐步形成，孩子们的集体观念已初步形成。老师们都表示，我们班的孩子好像长大了，状态越来越好了。我想，那都是班干部带的好头呀。

二、学会“忽悠”：班级文化巧建设

班级组建之初，我们都要以各种方式制定班级公约来形成班规班纪，在我看来，班级公约的妙用并非制约孩子们的行为，而是鼓励孩子们正面的行为，弘扬班级的正能量，帮助孩子们更快形成良好习惯。

前边已经提到，我们班是个跳脱的班级，他们早已习惯放荡不羁爱自由，这一帮追风少年岂是用“条款”或者“公约”就能束缚得住的？蛮干不行，就来巧干。结合学校《明星班级评比方案》和平时的常规要求，我们制定了《班规童谣》，并利用第一个月的班会课认真讲解诵读细则，孩子们日积月累、耳熟能详，边学习边落实，边落实边巩固，很快，班级公约的效果开始显现出来。

我曾经当过“后妈”，临时接到的班级总是力不从心，“一盘散沙”

到“聚沙成塔”的过程就是一段感人的血泪史。但是，“亲妈”的工作还是容易些。比如说，在孩子和班级都还是一张白纸的情况下，你想要画什么，他们都接受，他们都热爱。于是，在家长、我和孩子的共同探讨下，我们班级有了别致的名字“尚善致和班”，这来源于学校的“善本教育”理念，孩子们一听说我们的名字渊源，都觉得特别高级，这是好骄傲的！伴随着班名，我们的班徽、班歌、班级口号也诞生了，孩子们用心喊出了口号，特别自信，特别期待，好像也喊出了他们自己对未来的希冀，这些我能从回荡的口号声中读出来，听着听着就有一丝丝莫名的感动。此外，我们设立了“致和文化墙”“和阅天下图书角”“以和为贵成长足迹”“和风细雨心灵驿站”“地利人和荣誉栏”，班级刊物《春芽小报》在周睿爸爸的赞助下，每学期按时编排刊印发行（内部传阅）。

上了二年级，我思前想后，觉得孩子们还需要一个符合自身气质的名字，于是“小珊瑚中队”队名应运而生，孩子们对这个名字喜欢得不得了。班级文化的布置也根据“珊瑚海洋”的主题开展，乐荣妈妈的倾力设计、宏烨妈妈、嘉琪妈妈等各位妈妈合力打造，“珊瑚风采秀”“善本德育·动感珊瑚”“珊瑚写意”“珊瑚画廊”“珊瑚向阳朵朵开评比栏”“珊瑚足迹”等各展板像被施了魔法，我们的教室一夜之间变成了“小珊瑚乐园”，每天引得一大拨孩子驻足欣赏，真正实现了“让教室的每一扇墙壁都会说话”。

在我和家长们的不断“忽悠”之下，孩子们对班级的概念和意识逐渐加强，对班级文化和理念越来越认同，班级凝聚力得到进一步加强。

三、学会“渗透”：小小活动促成长

一个班级的发展离不开活动，每一次的活动，无形之中，都能增强班级凝聚力。

一开学，“尚善致和班”就迎来了第一次大活动，那就是一年一度的学校盛事——体育节。在各种个人赛中，限于孩子们自身的水平，班级成绩平平，无论是运动员还是其他未参赛的孩子，脸上都写满泄气。为了重振士气，我决定和孩子们一起在班级团体赛接力赛中放手一搏。私底下陪运动员训练接力，在班上公开申明：接力赛最重要的还是班级一条心，齐心协力、一致对外，我们身在跑道，就要奋力冲刺，我们身在局外，就要用最响亮的呐喊助跑运动员。果然，热爱荣誉的孩子们做到了，我们的接力赛竟意外地夺得了第一名，大家用赛场拼搏的毅力以及卖力的呐喊声又一次加固了班级的凝聚力。

学校每一个寒暑假都会组织孩子们完成“善本三个一”的德育作业，我们班也积极落实本活动，孩子们在家：用稚嫩的小手拿起扫把在家里各个角落寻找垃圾纸屑的身影；用小小的双手端起水盆给爷爷奶奶泡脚；用生疏的厨艺给父母煎鸡蛋……家长们在班级圈分享照片和视频，隔着屏幕，实现了孩子、家长与老师三位一体的分享、点赞与评论，无声的家校交流与互动就顺利实现了，孩子们在活动中锻炼了动手操作能力，他们在劳动中的热忱与认真也是一种自我责任意识的培养，而班集体的意识也随之悄悄地在心中蔓延。

班集体的发展不仅仅是凝聚力，还有文化力。为了进一步打造班级的文化力，我们多方学习，经过深思熟虑，我们开设了“张老师讲故事”“线上故事会”“小珊瑚故事会”“家庭教育读书分享会”。通过一次次的故事分享，孩子们很快爱上了我，对我产生“亲妈”的认同感和依赖性也越来越强；孩子们通过自己的故事分享，也获得了其他孩子的认可，更收获了满满的勇敢与自信。家庭教育读书分享会刚开始就是我的“独角戏”，孤单中伴随着无助，但一直以来的坚持让家长们看到了我的执着，他们不再无动于衷，慢慢有个别家长愿意发表见解。相信不久的将来，更多的家长会参与进来，家庭教育读书分享将花开香气散。

四、学会“撒谎”：荣辱与共聚齐心

一个班集体的形成离不开班主任的善意的谎言。有时候，一个善意的谎言比“和风细雨”“狂风暴雨”的教育效果更有效。

刚开学第一个月，德育处杨主任监管得力，常常到一年级各班进行指导。每次杨主任一离开我们的视线，我就会告诉孩子们一个好消息，类似于“杨主任表扬我们班课前准备是整个年级坐姿最端正的，给我们加3分”，一听到被表扬了，都感受到了荣光，孩子们嘴角开始上扬，立刻挺直身板，课前诵读读得更卖劲了。其实，杨主任什么都没跟我说。（嘘，这是秘密，千万不要告诉我的孩子们哟）果然，活跃的孩子都爱表现，再跳脱

的神兽都受哄。

善意的谎言，有时候真的特别能够振奋士气，有时候却也能达到醍醐灌顶的效果。比如，神龙见首不见尾的小罗同学，下课铃声一响就不见踪影，原来，他又拿着自制枪支（松鼠握笔器做枪把，铅笔做枪身）和班上好几个孩子玩起了枪战游戏，5个男孩子从教室跑到这边走廊尽头，又从这边跑到了那边的走廊尽头。看着这一幕，我心生怒气，即刻叫安全文明岗把他们叫到教室讲台严厉训斥，最后说了一句："刚刚的一幕，不仅我，护导老师、杨主任都看到了，我们班因为课间严重的追逐打闹被扣了5分，这个月的明星班级奖牌岌岌可危。"一听说被扣5分、可能得不到明星班级了，原本只是嘟着嘴巴的孩子们一个个都开始掉起了眼泪。在又一番简短说教下，5个孩子表态要改过自新，认真落实班规，争取把扣掉的5分加回来。瞧，这就是善意的谎言的教育效果。（是的，加分也是我的又一个善意的谎言）由此看来，在管理班级过程中，我们班主任也可以适当说一些善意的谎言，让孩子深切感受"荣辱与共"。

同一个班级，形成一个命运共同体，班级荣辱与共。尚善致和班的每一个孩子都清醒地意识到：一不小心给班级扣分，每个孩子都轻而易举；为班级加分，必须所有孩子一起努力做好才能实现，难度极大。不仅如此，我还告诉孩子：平时要做个醒目的好学生，懂得在我面前做好，不如在护导老师面前做好，因为我是你们的合伙人，做得再好，不过是表扬，不过是奖励，但做给护导老师看，那就是加分，加分多就能评上明星班级；做给领导看，那就是全校公开表扬。此法，对于爱表现的班级特别受用。

本人担任班主任时间不长，一直在学习中，在管理班级的实践中摸索总结出一些方法，称不上高大上，但非常实用，特此分享给大家，也作为现任班级的教育记录，余生回望，其乐无穷。谢谢各位停驻的目光！以文会友，又当如何？

我班的创意奖惩——积分银行制

宝安区翻身小学　袁园

奖励和惩罚是教育不可或缺的两种手段或形式。那么，到底什么是惩罚？什么是教育过程中应该和可以使用的惩罚呢？其实，定义并不重要，重要的是要明确为什么必须要有惩罚、要明确惩罚对于儿童健康成长的意义。夸美纽斯曾说："我们可以从一个无可争辩的命题开始，就是犯了过错的人应该受到惩罚。他们之所以受到惩罚，不是由于他们犯了过错（因为做了的事情不能变成没有做），而是要使他们日后不再犯。"马卡连柯也曾指出："合理的惩罚制度不仅是合法的，而且是必要的。这种合理的惩罚制度有助于形成学生的坚强性格，能培养学生的责任感，能锻炼学生的意志和人的尊严感，能培养学生抵抗引诱和战胜引诱的能力。"从这两位著名的教育专家的论述可以看出，惩罚对于学生健康成长有着重要意义。

那怎样的惩罚才是合理的惩罚？怎样的惩罚才能促进学生健康成长？奖惩之间又该如何把握呢？在带上一届六年级学生时，我采用了奖惩一体化的学生表现积分银行制，取得了较好的效果。

什么是学生表现积分银行呢？学生表现积分银行即是以数字来明确学生自己的成长。从教育评价的角度而言，是对发展中的儿童的教育评价的一种价值判断，而价值判断往往存在主观性和模糊性。如何让成长中的儿童更清楚地认识自己的行为，数字无疑是一种很直观的参照。因此，我为自己班每个学生建立了一个属于自己的学习表现积分银行个人电子档案，并把学习表现分为学业成绩、竞赛与发表、班集体活动、纪律、品行和综合表现5个方面。

为了提高学生的积极性，我赠给每个学生基本积分600分。根据学生具体表现进行加减积分，并在学生个人电子档案上把增减分的原因以文字的形式随时动态更新，且积分银行具有隐私性，只有班主任我和学生个人才能看到。每次加减分我都会及时提醒学生，并进行必要的个别交谈。最后，每个月一小结，每学期一大结。对分值多的学生给予相应的荣誉和一定的物质奖励。对分值较少的学生，进行交流以及鼓励。

积分银行的好处是，学生能清楚地看到自己分数的高低，从而清楚地认识到自己的进步和退步、自己的成长情况。而且银行的私密性有助于学生自我激励。

除此之外，我还会把劳动、反思和创新作为新时代学生优秀品质的重要表现，这三个方面做得好的也可加分的哟！

第一，劳动教育是马克思主义教育思想的重要组成部分。中共中央、国务院颁发了《关于全面加强新时代大中小学劳动教育的意见》，更是突出了劳动促进学生全面发展的重要意义。

第二，反思是个体成长中必要的重要途径。“君子日三省乎己”，中国古代教育就很重视反思；当今，反思更是写入了中小学学科课程标准。反思不是惩罚，反思不是丢面子的事，反思是智慧的体现，反思是勇敢的体现。

第三，创新是一个民族进步的灵魂。小学生的创新意识和创新行为都是需要呵护和培育的。把创新作为评价小学生行为表现的重要内容，无疑是必要的。

基于以上三点，我把学生积极参与劳动、主动反思（指正面认识错误以及主动反思后有明显改进）和勇于创新（例如，为班级建设出金点子、科技小发明等）也作为加分奖励的主要内容。我会根据学生实际表现情况酌情加分。

管理好一个班级，要做到奖惩有度，需要奖惩一体化。那么，如何做到奖惩有度，何谓奖惩一体化呢？

我认为，奖和惩都是工具，是促进学生健康发展的工具，因此，他们的目的是一致的，其价值观也应该是一致的。马斯洛需求层次理论告诉我们，尊重需求和自我实现需求是人的需求的高级形式。小学生一样需要被人尊重、需要自我实现。因此，在教育教学过程中，我会做到奖惩有度，不然学生会出现被同学孤立，使学生自我否定，或被过于奖励而迷失自我的现象。

所谓奖惩一体化，就是根据学生的身心特点和教育教学发展的规律，让学生对自己的行为负责，把奖励作为发展的动力，把惩罚作为激励自己、完善自己的善举。通过主题班会、辩论会、社会实践等形式，对学生进行正确的价值引导，让学生们自我感觉到劳动光荣、反思光荣、创新光荣。例如，当班上某个学生学业成绩取得了优秀时，我会引导他们学会反思自己的其他方面是否也优秀呢？于是，我跟学生约定好，他们可以通过写反思报告（检讨）等形式来反思自己并获得积分，也可以通过主动参与班集体活动来获得积分以实现自我奖励等等。这样，反思和主动参与班集体活动既是对自己不足的自我惩罚，也是对自己主动进步的奖励。

在实践中我思考，积分银行无非是一种承载奖惩的形式，要真正运用好奖惩这两种教育手段，我时常告诉自己必须要做好这两点：

第一，“我们不能为了惩罚孩子而惩罚孩子，应当使他们觉得这些惩罚正是他们不良行为的自然后果”（卢梭），同理，不能为了奖励学生而奖励学生，应当使他们觉得这些奖励正是他们良好行为的肯定，并提醒他们要做得更好。唯有如此，惩罚和奖励才有积极的意义。

第二，真心关爱学生是合理使用奖惩的必要前提。正如有专家指出，饱含教师的爱的惩罚可以减少学生的反抗心理……而伴有信任，则可使学生信服教师对其实施的惩罚是教师为了学生的健康成长、为了学生的利益而采取的别无选择的选择……保持教师的权威，则可使教师和学生接受同一种道德准则成为可能。教师和学生是教育的两大主体，良好的师生关系对教育教学有着至关重要的作用。教师出于爱、信任和权威的奖惩对学生有良好的教育效果。教师敢于惩罚、善于奖励，学生乐于接受惩罚、谨慎接受奖励，无疑，这样的奖惩在师生关系中能起到良好的纽带作用。

学生的成长过程中，要学会一些东西，除了爱之外，还要有一颗进取之心。适当的奖惩实际上是一种引导，引导学生有所改进，引导学生有所成长！奖惩学生不是目的，让学生有所进取，有所成长，才是最重要的。

立根海鸥文化，玩转创意奖惩

宝安区翻身小学　向东华

苏霍姆林斯基说，“真正的教育是自我教育，是实现自我管理的前提和基础。”即将步入五年级的学生初步可以实现自我教育，自我管理，在规范的班级制度文化熏陶下，学会约束自己的言行，塑造积极、活泼、上进、好学的班风。

一、班级文化引领，奖励有章可循

说到我们班的创意奖惩，不得不提一提我们班级的中队文化——海鸥中队文化，海鸥是勇敢的象征，是坚毅的象征，同学们像海鸥一样，迎风展翅，为梦飞翔。海鸥中队在翻小尚善德育的引领下，本班从《大学》中提炼出“海鸥八训”——“德”“善”“知”“诚”“正”“思”“慎”“谦”，打造了海鸥小组文化。每个月评出“海鸥八星”——明德之星，至善之星，致知之星，诚意之星，正心之星，善思之星，慎独之星和谦逊之星。

孩子们长大了，像一年级和二年级时候的纯粹物质奖励，他们已经没有太大的兴趣，相比之下，孩子们更渴望精神上的奖励，希望自己能得到同伴或者老师的肯定。所以在进入中段的时候，我们班级的奖惩制度，就随着学生的年龄变化，有了进一步的改进。班级按人数分为了8个小组。小组成员们在海鸥文化的引领下，自由给小组取名，并制定小组奖惩措施。他们分别是乘风破浪小组，飞梦小组，快乐无限小组，勇于争先小组，美丽音符小组，梦之翼小组，至上励合小组，晴天小组。根据每个小组自己制定的奖惩措施，小组内人与人之间有评分，大组与大组之间根据班级规定也有评分。这样既做到了小组内的评优，也能评出优秀小组。优秀同学和优秀小组在班级表扬，颁发奖状，给予物质奖励，并由班主任打电话给家长提出表扬，优秀的名单和小组记录在班级日志中，开家长会的时候在全班给予表扬。美国教育家杜威的“做中学”理论和我国教育家陶行知关于“教学做合一”的理论，都强调学生良好的道德行为习惯应该是在生活和学习实践中形成的。因此，开展有益的、长期的班级文化活动，让学生自我教育，养成好习惯，并学会自己管理自己，主动地学习，实现其主体地位是十分重要的。

二、个性化班委，彰显个性化技能

当代心理学家林崇德提出“四年级的学生是由童年向少年、青年逐渐发展的阶段。这是最容易产生心理冲突、造成心理障碍和行为过失的年龄阶段”。关注孩子的身心健康尤为重要。在班级的评优评先中，有一部分孩子在屡次得不到肯定的时候，我们的班级制度文化中有人文性的关怀。一张“海鸥职务表”既要帮助学生改正不良的行为习惯，也要保护孩子的自尊心，有制度也要有人情。

班级每天有固定的“班长大人”两位，还有特殊岗位，如“安全文明岗”“空调管理员”“卫生监督员”“纪律监督员”“迟到监督员”“礼仪监督员”……彰显学生的个性，发扬优点，在管理与被管理的过程中去换位思考，同时自己也在他人的提醒下不断进步，避免自卑、孤独的性格缺陷，人人要说话，人人有事做。

三、海鸥创意宝箱，人人内心有期待

本学期期末散学典礼，同学们对于奖励形式又有了新点子，希望老师能通过抽奖的形式，让大家感受一下抽奖的快乐。看着同学们充满期待的眼神，我邀请我们班“小百科”成员共同商议此事，程同学很快心领神会，回家制作了抽奖盒，孙同学负责绘制“宝箱”封面，我根据同学们平时比较感兴趣的奖励，写好若干便签贴放于盒中。如“免扫地一天”“任班长职务一天”“读书笔记一篇”“礼物一份”……这个散学典礼，真是实在又快乐！

德国教育家第斯多慧说：“教育的艺术不在于传授本领，而在于激励，唤醒和鼓舞，没有兴奋的情绪怎么激励人，没有主动性，怎么能唤醒沉睡的人呢？”期待我们班级的同学们在愉悦、轻松、活泼、上进的班级氛围中快乐健康成长！

有效奖惩，促学生成长

宝安区东方小学　刘艳芳

班主任的工作很琐碎，其间有欢笑、有荣耀、有哭泣、有摩擦、有纠纷……在学生的闪光点与错误之间，如何巧妙开展奖励与处罚，是班主任工作的重心，也是搭建良好师生关系的关键。放大镜与望远镜，是班主任工作的两件法宝，让奖惩变得有意义，有期待，让教育润物细无声。

一、善用放大镜，搭建自信平台

苏联教育家苏霍姆林斯基曾说过："每个孩子都是一个完全特殊的、独一无二的世界。"面对全班学生，班主任要一视同仁，尊重每一个生命个体的独立性，允许他们存在差异性，善待他们的个性，在学习生活中，班主任要扮演好"打火机"的角色，努力挖掘每一个学生的闪光点，点燃每个学生心中的"小宇宙"，让他们寻求更好的发展。

小唐，是我们班一个文静、不敢高声言语的男孩子，每天静静坐在自己的座位上，时而听讲，时而把弄自己的文具，极少参与课堂。在一次家长交流会上，与小唐妈妈交谈中，得知小唐在幼儿园时得过自闭症，留下了语言表达困难症，说话容易结巴。听闻经历，惊呼目前他的状态，并没有太多的异常。往后柔和面对他的"不苟言语"，因为懂得，所以慈悲。面对他的不自信，很害怕他会再一次把自己的心门关起来，于是我开始默默"推波助澜"。

俗话说：知己知彼，百战不殆。为了了解他，我开始蹲守每一节课，搜集他的各科课堂表现。同时，我也更加留心批阅他的作业，时常会留下几句鼓励语，如：“今天的你格外精神！”“今天你的书写特别养眼！”“课堂上，好想听到你的声音，应该是非常纯净、睿智的”……

经过一番摸底和鼓励，我发现小唐尤其喜爱围棋，在围棋课上的表现最为活跃，那高举的小手，两眼放光的样子真是可爱至极，触动内心！找到突破口，立马行动，在学校的一次围棋大赛中，我在全班委派他代表上阵，比赛前还特地给他加油打气：“孩子，你的围棋技艺真了不得，比赛中，可不能轻敌哦！”小唐拍拍胸脯说：“嗯！老师，我们围棋老师也……说要细心，我一定会……会拿个好……名次回来的！”

在人山人海的比赛会场，滚动屏幕一次又一次地播报赛况，我们班的啦啦队替他加油呐喊，当看到他的名字从一个桌场到另一个桌场，同学们都为他欢呼雀跃。时间一分一秒过去，场上的他丝毫不受吵闹的影响，眉毛紧皱，手拿棋子，手起手落，那娴熟的动作，那坚定的眼神，无一不彰显他的聪明与睿智，这一刻的他散发着光芒。

小唐从围棋收获了成功的喜悦，渐渐变得开朗，也敢于开口表达了。乘胜追击，继续放大他的优点，在写事的习作主题中，小唐写了自己与围棋的故事，细腻的文笔，形象地再现场景，让人惊叹！在《司马光》文言文的课堂上，认真听讲的他，仅用了5分钟完成了全文背诵。为了激励他，我不假思索地给他提供示范的平台。当他站在讲台上，字正腔圆、抑扬顿挫地背诵完《司马光》，全班响起了雷鸣般的掌声，只见他露出了小傲娇的表情。

看似不经意的精神鼓励，着实给小唐带来了许多的改变。在学习生活中，班主任要善于了解每个学生的秉性，善用放大镜，挖掘他们的闪光点，让星光中队的星星们璀璨。在班上，还会有系列的物质奖励，设置每周一评的“璀璨之星”，每月一评的“优秀小组”，设置兑奖日，学生用积攒的贴纸数来选购自己喜欢的礼物。

二、巧用望远镜，创设期待效应

学生是完整的个体，有自己独立的想法，在成长路上，难免会犯大大小小的错误，面对学生的错误，班主任要有容错的教育理念，差错既彰显了学生的个体差异，更是一种无可厚非的免费教育资源。

“小霸王”是班上一个特立独行的男生，聪明且好动，“小霸王”所到之处，总有哭闹声，无止境的小报告，让人头疼不已。别看“小霸王”小小个，却有着大大能量，总有挥洒不完的精力，总能制造各种事端，踢人、撞人、吐口水、打架……能用手解决的事，绝不多说一个字，动手打人是他的惯用伎俩，同桌没少换。

一次，班上同学排队去功能室上音乐课，在上下楼梯过程中，“小霸王”心生一计，可以玩“高楼大厦”游戏，于是和临近的男生开始了猜拳蹦跳，一着迷，少不了推搡、碰撞，果不其然，“小霸王”如同一颗保龄球，一下撞倒了三四个女生，制造了大型灾难现场，女生哇哇大哭，队伍一哄而散……带队班长火急火燎跑来报告，我只好立马赶到现场“救火”，安排两名女班干陪同到校医室观察，其他学生跟随音乐老师正常上课，我领着“始作俑者”来办公室“审讯”。

哪怕谈话教育也要掌握好节奏，一到办公室，首先“冷静”几分钟，让他们回想事情经过，并留意观察他们的反应，紧接着是“陈述阶段”，只见另一个男生断断续续表述事情是因“小霸王”而起，言下之意自己是无辜的。“小霸王”听完，岂能善罢甘休，赶紧辩解：“是你自己加进来，你还叫我挑战三级跳呢！就是你。”场面一度混乱，这是见怪不怪的推脱现场，三年级的学生也懂得犯错需要承担责任的道理，都想逃避。最后阶段“明辨是非阶段”，班主任引导学生全面看待事件。从这次闹剧来看，学会承认错误，学会承担责任，改正错误是重点。面对另一个男生，平常最害怕写东西，给予的“礼包待遇”是百字文字说明和一日服务卡；面对“小霸王”的礼包得精心设计，毕竟是常客，得有VIP待遇。

鉴于“小霸王”的屡次动手事件，不得不召开一次别开生面的“记者见面会”，让“小霸王”感受自由与集体的统一性，以便从错误中吸取教训。在简单且庄严的见面会上，通过商讨，记者们提供几个创意选项：三日服务卡、表演卡、扣取贴纸。

惩罚目的不是为了罚，而是为了改过。经过记者见面会的采访，“小霸王”清晰认识到自由是有条件的，不能够侵犯他人的权利。今后的“小霸王”有喜人的变化：学会先用嘴巴进行沟通，不再轻易用手和脚解决问题，与同学的相处越来越和谐，朋友越交越多。

每个班总有那么几个令人头疼的学生，面对这类学生犯错时，万万不

可直接处罚，首先需要听听他们内心的声音，了解他们最初的想法，这是解决问题的突破口！其次，如果采取无味的处罚，次数多了，学生乏了，只会适得其反。这时候需要班主任发挥智慧，变着法子来设置一些看似不那么抗拒的处罚：如派发做好事的服务卡；派发讲故事、唱歌、魔术等的才艺表演卡；派发作业翻倍券；百字文字说明书……当经过包装后的处罚，不仅保护了孩子的内心，还从不同层面上挖掘潜力，在罚中感受不一般的生长，也是别有一番风味！

有教无类，学生如同一个个花骨朵，每朵都有属于自己的花期，不是不开放，而是未到花期。班主任需要一手拿放大镜，在奖励中培养学生的自信心；一手拿望远镜，在处罚中期待学生的二次生长！班主任是灵魂导师，是辛勤的“园丁”，耐心浇灌，悉心修剪，栽培于润物细无声中，等待悄然绽放！

我的班级我做主

宝安区官田学校　申萍

“不经历风雨怎么见彩虹？没有人能随随便便成功”这是《真心英雄》里的经典歌词，道出了人生的许多真理：每个人不管是学业有成还是事业有成，成功的背后总是艰辛，总是要走过一条坎坷不平的路。在班主任教育教学道路上，一路走过的艰辛、经历的酸甜苦辣也只有自己体会。

一、黎明前的黑暗——班级问题日渐突出

一年级学生进入小学学习，新的学习和生活对孩子们来说充满了好奇和有趣，对学校、对环境、对老师、对同学、对课堂、对学习的要求都充满了新鲜感。同时他们年龄小，好动、易兴奋、易疲劳，缺乏班集体责任感和荣誉感。周末在家主动学习的能力缺失，主动干家务的能力缺失，外出实践的能力缺失。一（5）班的孩子在班级责任感和综合能力培养方面都有待加强。

二、暴风雨的洗礼——班级规章出台新政

1. 一人一岗，人人有事做，人人有责任感

根据我们班学生的特点，开学初我制定了值日班长轮换制、班干部职责表等，对学生进行学习、习惯、能力的培养，使他们讲文明，懂礼貌，学会宽容，学会与他人合作，营造良好的班级氛围，养成良好的学习习惯，积极投入到学习当中，并着力培养学生良好的生活习惯，成为一名优秀的“习惯好、能力强、成绩优”的官田好学子。

2. 家庭表现，周末实践，QQ、微信反馈

为了培养学生在家主动学习、主动干家务、外出实践的能力，我和家长达成一致意见：当孩子主动学习（主动阅读课外书、主动写作业等）、主动干家务活（主动拖地、打扫卫生、做饭、洗碗、擦桌子、帮爷爷奶奶洗脚、帮父母捶背等）、外出实践活动（如运动、制作手工、家庭聚会、外出旅游、培养植物、饲养宠物……）时，家长拍照并及时发送到班级QQ群、微信群，传播正能量，树立孩子的良好形象，让其他同学和家长了解并学习。老师在学校时，每天会利用午会课后的空余时间对孩子的行为进行表扬，并对其他孩子提出建议。通过多种形式的正能量传递，让一（5）班的孩子们逐渐在家养成良好的生活习惯和学习习惯。

3. 表彰大法，各显神通

老师是学生学习的主导者，作为班主任，引导孩子养成良好的学习习惯是重要的工作。为了鼓励孩子，培养孩子良好的习惯，我使尽浑身解数，各种表彰之法，大显神通！

（1）“可爱券”抽起来。为了调动孩子们的积极性，表彰在课堂上表现特别认真的孩子们，规范孩子们的习惯养成，只要每天在班级的习惯养成记录表上不扣分的宝贝，累计5天不扣分，即可在每周星期五下午获得抽取“可爱券”机会：息怒券、抱抱券、免作业券、礼物券、糖果券、换座券、铅笔券、尺子券、橡皮券、笔记本券（孩子们可以随时兑换）。

（2）“表扬信”发起来。在班级，我根据孩子们的表现，颁发表扬卡、表扬信，还制定了奖励细则：三张小卡片获得一张表扬信，10张表扬信获得橡皮擦一块，20张表扬信获得铅笔一支，30张表扬信获得尺子一把，40张表扬信获得笔袋一个，50张表扬信可获得一支自由行驶的汽车笔，60张表扬信获得笔记本一本，70张表扬信可以与申老师共度美好的一天。通过有趣的奖励机制，大大激发了孩子们的学习兴趣，规范行为，养成良好的行为习惯。

（3）“幸运盘”转起来。为了增强孩子们的兴趣，不断更新表彰形式，用5张表扬信换取“幸运盘”转盘一次机会。赢取礼物全凭个人运气，刺激有趣的转盘游戏，深受孩子们的喜爱！

（4）“个人奖”评起来。“空中课堂”期间，为了激发学生在家学习及锻炼的兴趣，我依据学习小组交流学习、学生书面作业、练习视频、故事分享等反馈情况，进行如下奖项评选：“优秀小组长”（学习小组）、“最美小主播”（管理）、“学习自主之星”（学习）、“书法小金星”（书写）、“运动小健将”（体育）、“设计小达人”（美术）、“小小金话筒”（音乐）、“爱家小卫士”（家务）。这些认可、表扬、美丽的小小奖状，极大地调动了学生积极向上的精神。班集体中也有了崇拜之心和榜样力量。同时，这种激励方式也有效减少了家长监督时产生的摩擦及不愉快的冲突。

三、风雨后的彩虹——班级管理卓见成效

（1）自从一人一岗分工职责表、卫生职责表、班长轮换制、班干部职责实施以来，我的班主任工作变得轻松。早晨到教室总能见到孩子们自觉早读的身影；课堂总能见到孩子们有序、认真听讲的身影；课间总能见到孩子们自觉排队的身影；放学后总能见到孩子们认真打扫教室的身影……这一切的改变都源于新政的实施，孩子们的落实，老师的督促。

（2）自从让家长主动通过QQ群、微信群反馈在家表现之后，一（5）班的群信息经常处于爆满状态，传播正能量的孩子越来越多，可见孩子们在家养成的生活习惯和学习习惯得到了很大的提升。

（3）自从各种表彰变换出台，孩子们的积极上进心被充分调动起来，对班级的集体荣誉感更强。

“把握生命里的每一分钟，全力以赴我们心中的梦”，这句话一直激励着我在班主任工作道路上前进、前进、再前进，不向困难低头，始终坚信：辛酸过后有幸福，泪水过后是笑容，风雨过后见彩虹。我愿与我的梦想种子们一起共筑美好的梦！

看班主任三十六计，解徒儿们七十二变

宝安区翻身小学　冯 梅　邹凌丽

班级管理过程，是班主任劳心劳力的过程，也是班主任与孩子们情感碰撞的过程，家庭背景、成长环境、性格特点的不同造就了学生们千人千面的现象，于是班主任们常常化身“千手观音”，生出“三头六臂”，各出奇招，下面我们来看看三位班主任有何妙招吧！

一、以画解心

回顾这个学期，我深刻地明白了，只有做一个十八般武艺的班主任，才能更好地陪伴学生成长。

2019年10月，我接触了绘画心理学，只是出于自己的兴趣和爱好，不承想在疫情期间它却成了我最好的帮手。为了配合学校工作，深入了解学生的情绪世界，我们班主任使用了各种电子产品与学生交流，但仍有雾里看花——伸不得手的无力感。

怎样才能更好地把握孩子们的心理状态呢？我利用了绘画心理学中的投射测试。每隔一段时间都就让孩子们画一幅画，通过一幅画可以快速有效地把这一时间学生看不到摸不到的主观世界，以生动丰富的绘画形式外显成清晰可见的图像，帮助学生释放情绪，改善心理，认识自己，促进沟通，改善人际关系等。

以我们班小甲的图画分析为例，当我看到他的画时，我的注意力就被右上角炙热的太阳吸引了。太阳在绘画心理学当中是比较常见的，它代表着温暖，也代表着希望，但是当太阳的形状和颜色比较独特，或者是过大、过小，过于灼热，那么它可能会代表不同的意义。当我看到小甲的太阳在右侧表现为明显的炙热状态时，我立即联想到他日常在学校的表现，他是一个理性、自制力较强的孩子。疫情期间的作业非常工整认真，可总能见到擦了又写、写了又擦的痕迹，且用笔的力度较重，字体较大。经过与家长沟通发现了孩子在网络学习时有明显的情绪变化。经过后续的关注、引导，小甲的情绪得到了平复，生活和学习也进入正轨。那一刻我无比感谢自己修炼的这一个技能。

在我看来，绘画是孩子的一种特殊“语言”，具有内在的逻辑和表现形式，显示着孩子的性格、认知水平、兴趣爱好、心理变化、当时的情绪特征等等。我愿意倾听这种“语言”，走进他们的内心世界，了解更加真实的同学们，识别他们的个性特征，让他们在成长的道路上有我的陪伴和指引。

二、治理班级如烹大鱼

老子说：“治大国，若烹小鲜。”治理班级却不同，孩子来自不同的家庭，个性千差万别，同样的问题发生在不同的孩子身上，采取的措施和方法也随之不同，因此我认为，治班如烹大鱼，要来个“一鱼多吃”，手法多样，滋味各有不同。下面我来展示几种烹饪大鱼的“终极武器”。

1. 民主剑

魏书生说管理班级一靠民主，二靠科学。一位班主任，若懂得运用民主管理的策略和方法，将最大限度地调动学生的积极性，让学生服从管理。学生都是有血有肉的个体，他们不是被动的受管理者。讲求民主，是把孩子们放在平等的角度，站在孩子的角度思考问题解决问题，尊重孩子的自尊心，理解他们的心理。

例如，班级里有时候出现丢东西、丢钱的情况。我从不公开去搜书包，这种行动将会极大地损伤孩子的自尊心，一个失却了自尊心的孩子，将会导致更加严重的低自尊行为，只有当孩子认为“自己做错了一件事不要紧，我依然可以改正成为好孩子，老师和同学们依旧会接纳我”，那么他才能“改邪归正”。

曾经班级里有孩子丢了一部手机，于是我面对全体同学开设了一堂特别的班会课，跟全体同学一起认识了“虚荣心”。我说：“有虚荣心是正常的，任何一个人小时候都曾羡慕别人拥有的丰富物质，老师小时候也不例外。但占为己有是不对的，我们内心会遭受严重的自我谴责。”随之扫视全班同学每一个人的眼睛，进行宽严相济的两手紧逼：“我能从你们的眼神中看出你此刻的内心是否心虚，因为你的眼神会出卖你。但拿了东西（注意绝对不要用“偷”的字眼），只要还回去，你依旧是我们的好同学、老师心目中的好孩子，因为你能知错就改。”

最后我给出一个解决办法，做了一个纸箱子，有一个开口，放在课室后面一个不显眼的地方，对孩子们说：“如果你愿意给自己一个机会，请你今天自己找一个时间把手机放在这个箱子里，这样没有人知道是你，但我们都会为你鼓掌，为你的勇气鼓掌！”如此一番郑重的思想工作之后，果然，下午丢了手机的同学兴奋地告诉我，手机还回来了。

这个方法后来用在同样类型的事情上，果然收效不错。做错的孩子都会想办法补偿，有的还会写一封道歉信。班级整体的班会也会重新回到正轨，不再丢东西，这样一个包容性的集体也变得更为团结。

2. 攻心刀

正所谓擒贼先擒王，攻人先攻心。“亲其师，信其道。”只有走入孩子的内心，用热情、温暖和爱打动他们，才能让孩子打开心扉，把他拉入全班积极向上的氛围中来。如何拉近与他们之间的心灵距离，需要极大的耐心与智慧，常常要敏锐地把握住一些教育的契机。

比如我曾经带过一个这样的孩子，在学习上意兴阑珊，提不起兴趣，在班级里也没有自己的定位，来到学校总是懒洋洋的，对学习对班级都提不起兴趣来，而且还经常与别人打架，成了整个年级“闻名”的一霸，同时班级里还有四五个较为调皮的孩子唯他马首是瞻，经常几个人一起打架，让我颇为头疼。但我想，一群如此讲义气的孩子，只要攻破了他们的心理，让他们信服，那么之后他们也一定会以我马首是瞻。

在了解这几个孩子的个性之后，我抓住平时的机会不停地与他们反复交心聊天，在运动会等班级活动中，让他们多代表班级参赛，在全班进行表扬和肯定，几个孩子对我的态度慢慢变得缓和。在反复观察之后，一次偶然的机会，我了解到他们很喜欢打乒乓球，于是我和隔壁班的老师一起联手，组织了一次班级对抗赛。宣布这个比赛前，先来了个正式请战书，请这几个孩子组了支队伍，选了这个孩子作为队长，带领队伍代表班级进行比赛。果不其然，他们特别积极，比赛毫无悬念地赢了，在班级里，我特别为这几个孩子开设了表彰大会，感谢他们为班级争夺了荣誉。这之后，这几个孩子在班级中的状态变得积极起来，对我也越发尊重了。毕业之后，为首的男孩子，还抱了个哈密瓜来看望我这个曾经的老师，也算是感怀安慰呀！

3. 扬长术

在班级中，成绩好、行为表现好的同学总是得到老师特别的关爱，而其他普通的同学，却很难得到老师的关注，一些后进生更是因为自己没有什么特长得到大家的肯定，在班级里找不到成就感，这也直接影响了他们在学习中的积极性。这时候，老师们就要善于使用扬长术，努力让每一位孩子都能在班级里找到自己的成就。他们不一定是班级中成绩领先的孩子，能得到老师的关注和肯定，内心都充满了骄傲。

曾有一个孩子，成绩一直居于下游，学习能力差，五六年级了识字量还比不上二年级的孩子，相对于同班的孩子，他的年龄还要再大一岁，所以他在班级里自尊心极强，容不得别人说自己的不足，很容易暴跳如雷。后来，我发现他很擅长手工，于是在班级布置中，我邀请他帮忙剪窗花，我用心地裱起来，展示在黑板报上，还专门为他设了一次专场展览“个人秀”，他十分喜悦。甚至在写作文时从来不愿意动笔的他，竟然在“我的理想”这个主题时，写到了自己的愿望——将来做一个设计师，开自己的展览，虽然还做不到文从句顺，但已经是极大的进步了。这之后，他对我也更为信任了。我教他一旦冲动想要发火的时候，先躲到一边，让自己冷静下来，果然，他试了这个方法，在自我管理上有了很大的进步。

治理班级的方法还有许多，让我们在与“大鱼”斗智斗勇的过程中，锤炼出更多的“终极武器”，把这条大鱼烹饪出更多的美滋美味吧！

治班小锦囊

宝安区翻身小学　金　群

今天不谈国际风云巨变，不谈国内外新冠疫情，也不谈新形势下教育改革，更不谈时尚尖峰流行资讯。今天，我想和你，你们，我的亲密战友，各位同人们聊一聊平时班级管理中的那件事——如何处理学生之间的矛盾。

小学生在相处的过程中，会因为座位和文具，或游戏过程中发生一些摩擦和冲突，轻则口角，重则打架，诸如此类，处理这些问题是每个班主任的日常事务。如“老师，他总是弄坏我的橡皮擦！”“老师，他一上课就脱鞋！”“老师、老师，他偷了我的公交卡，还不承认。”“老师，小明和大方又打架了！”就这样，我们一会儿是警察，一会儿是消防员，一会儿还是调解员。班主任10年历练告诉我，学生之间的矛盾只要不升级，特别是不上升到家长的层面，那就是一个简便算法。如果能在短期之内让孩子们正确处理和应对他们之间的矛盾，那就是了不起的班主任大师水平。

虽是班级管理常态事务，但是十年的时间告诉我，这也绝对是门技术活。

【案例】

刘同学，我上一届的学生，由于中途分班转到现在的班级，加入了一个热爱学习的集体。家长们认为是好事，可是他很痛苦，这话是他亲口告诉我的。因为天性活泼开朗的他很喜欢开玩笑，可班上同学非但不笑反而不屑，他喜欢打打闹闹建立友谊，可是班上男生却以讨论数学题，一起去数学提高班建立感情。久而久之，孩子在班级找不到乐趣，找不到存在感。最后他为自己量身打造了一条建立班级存在感的路线，找人打架，或者说是挑衅同学，无论男女，只要愿意和他吵，甚至动手，他都来者不拒。课堂上时常出现纠纷，课间矛盾更是常态化上演。矛盾愈演愈烈。

五年级我接手这个班的时候，感觉这个孩子就像一个火桶，一点即爆。刚开始，我很苦恼，每每控制不了的时候就找家长，虽然家长通情达理，但是多次投诉之后，矛盾没有缓解，家长老师压力反而越来越大。怎么办?

多年的班主任经验告诉我，没有天生好斗的孩子，我得多了解他。因材施教从那一次家访开始。那天放学后，我和他一起走了平时回家的路，过了四个路口，半个小时路程（虽然那几天腰椎痛得厉害，但是我觉得不虚此行）。终于到了，通过和他妈妈沟通，我知道了孩子暴力的原因；通过亲历孩子上学路途和生活环境，我发现了孩子最大的闪光点——生活独立，生活本领远超同龄人。接下来的日子，处理他和同学们的矛盾，我又变得充满信心。

第一步，利用班主任的威信，我在班会课，思品课上，总是借机表扬生活自理能力强的他，和一些孩子的日常聊天中，时不时提一提我认识的刘同学，同学们开始动摇“不理他”的想法，这是精神感染法。

第二步，巧借实践活动——农场活动体验，提前鼓励刘同学积极参与，帮助不太擅长农事的同学。那次活动简直就是惊喜，他在田间捉泥鳅活动中，成了同学们心中的英雄，他身手灵敏，不一会儿就捉了一大瓶泥鳅，奥数高手一条未获，还摔入泥潭；科学达人，抓了一条就嫌累上岸了。就这样，大部分一无所获的女生都围着刘同学想要泥鳅，原来天天惹女孩生气的他竟也害羞起来，爽快地把泥鳅分给了她们，他还友情帮一些男生各抓了几条。真棒！以前和同学们格格不入的他，找到了打架之外的成就感、存在感。同学们也亲身感受到了刘同学的热心和“本领高强”。就这样，他和同学间隔阂悄无声息地渐渐消散。

第三步，时常谈心多鼓励，我会以一周一聊天的形式与他沟通，方便掌握他的心态变化，及时给予指导；我还会找一些他力所能及的事，请他帮老师做事，提高他的自信心。存在感，自信心在一点一滴地自我找回。那一届毕业聚餐，刘同学笑得很开心，和同学们聊天玩耍溢满了我的眼睛，融化了我的心，作为班主任，我感受到了工作带来的成就感和幸福感。

“随风潜入夜，润物细无声。”原本天天焦头烂额的棘手问题，在细心观察、深入了解、放手鼓励、静等质变的过程中，出现了令人意想不到的好

效果。虽然我至今回忆起来都觉得那一次实践活动是矛盾出现转机的惊喜，但是冷静下来我又做了这些思考：是不是所有的学生矛盾都要班主任身先士卒地“主持公道”？调解学生之间的问题是公平即可，还是要兼顾人情味呢？是的，我不是法官，孩子们也不是原告和被告。我们是一个有着同窗之谊的集体，只有让学生之间互相欣赏，互相关爱，以谅解包容为荣，以落井下石为耻，才能在发生矛盾之际，老师还未出手就有自愈的可能。

班级管理累吗？累！可是每一次的管理技能提升，治班锦囊一个个收集，又让我和她、还有他，快乐地享受这份责任带来的幸福。

手持武林秘籍，一起闯荡江湖

——“海鸥少侠”中队修炼手册

宝安区翻身小学　向东华

缘起说“海鸥”：说到我的班级管理不得不说到在2016年教授的一篇课文《老人与海鸥》，孩子们在读到“海鸥纷纷落地，竟在老人遗像前后站成了两行。它们肃立不动，像是为老人守灵的白翼天使”这两句话时，他们深有感触，孩子们惊讶于海鸥的灵性，感叹于海鸥的对老人的感恩之情，于是“海鸥”这一形象在我和孩子们的心中难以割舍，我们结合学校“尚善德育”的理念，决定把“海鸥”作为班级的名称，希望我们自己如海鸥般懂感恩、懂守护、懂尊重。

缘承展风采：我目前带的班级是一个51人的六年级班级，从三年级开始接手。我班是一个极富运动细胞的班级，根据这个班级孩子们的特点，孩子们头脑风暴，以“海鸥”为原型，创造了“海鸥少侠”中队。于是我被选为武林盟主，带领着一帮少侠们闯荡江湖。

一、“刀光剑影”书班徽，一笔一画展才华

学生们自己动手动脑构思班徽形象、海鸥墙画，从设计到班服、班帽的印制一气呵成。

二、我的“江湖”我做主，少侠精诚又合作

1. 创立海鸥门派，组建小组：“少侠报上名来”

小组	第一小组	第二小组	第三小组	第四小组	第五小组	第六小组	第七小组	第八小组
门派	海鸥少林派	海鸥武当派	海鸥峨眉派	海鸥逍遥派	海鸥华山派	海鸥崆峒派	海鸥雪山派	海鸥仙都派

2. 竞选掌门，才艺大比拼：“少侠看你本事”

班级表演、演讲、故事等形式，各自展示自己的长处，结合本校的“善艺风采秀”节目表演，为自己拉票竞选，选出各门派掌门。

3. 门派规矩，小组立公约：“少侠说一不二”

根据每个小组自己制定的小组公约，小组内人与人之间有评分，大组与大组之间根据班级规定也有评分。这样既做到了小组内的评优，也能评出优秀小组。优秀同学和优秀小组在班级表扬，颁发奖状，给予物质奖励，并由班主任打电话给家长提出表扬，优秀的名单和小组记录在班级日志中，开家长会的时候在全班给予表扬。美国教育家杜威的“做中学”理论和我国教育家陶行知关于“教学做合一”的理论，都强调学生良好的道德行为习惯应该是在生活和学习实践中形成的，因此，开展有益的、长期的班级文化活动，让学生自我教育，养成好习惯，并学会自己管理自己，主动地学习，实现其主体地位是十分重要的。

三、有招有式，修炼看家本领

（1）捕风：“海鸥璀璨”日志本，书写班级好人好事，班级获奖和荣誉，捕幸福之风。

（2）捉影：“江湖规矩”班训（勤晴情擎），班歌（《我拼搏》），班舞（“跳舞街”）。

（3）抚琴：“心灵驿站”建设“心语信箱”“心情预报角”“亮点树”等。

（4）鼓瑟：“琴瑟和鸣”家长与师生共同绘制班级蓝图“海鸥之梦”。

在“双减”开展以前，学校也还没有开展延时服务。每天孩子完成作业

后，剩余的时间，自觉的孩子会看书，但还有一部分孩子会玩手机，于是开展了“亲子活动一小时”活动。周一到周五的内容是“亲子运动半小时”和“亲子阅读半小时”，周六“亲子美食”，周日开展“家庭会议”。活动以自愿为原则，有的家长还会在班级群里和大家分享开心的一幕。

这项活动既锻炼孩子的身体，又给孩子营造一个和谐温馨的家庭环境，经过一个多月，这项活动在班级如火如荼地开展起来了，家长孩子们乐在其中，有位爸爸说，这项活动很有意义，让我们这些爸爸也能放下手头的工作有效陪伴孩子了。

最后通过“海鸥纪律大比拼”评比，约束班级孩子行为，养成遵守校纪校规的意识，做到心中有法，眼中有情。内化于心，外化于行。

缘转技艺高：班级文化建设在大家的齐心协力下，正在有条不紊地进行着。可以明显地感觉到我们班原来好动的孩子的转变，仿佛把他们身上的侠义之气唤醒，能懂规矩，懂感恩，并积极参与到班级活动中来了。

四、我的江湖我来拼，活动多样育“豪杰”

1. 狂风快剑

读书月活动，利用传统节日，体育竞赛等增强班级凝聚力。

今年的运动会我们班级大展身手，4×100米接力赛打破学校纪录，各项比赛捷报频传，全班同学紧紧地拥抱在一起欢呼，那一刻我们是就像一个拳头一般，坚不可摧，成为运动场上最亮的星，真可谓“个个身怀绝技，少侠所向披靡”。

2. 君子剑法

开展“辩论赛”“读书分享会”等激发兴趣。

3. 有凤来仪

家校合力，加强联系，班级抖音短视频记录“海鸥之梦”。

五、修炼得道，江湖比拼争头衔

1. 玉女十九式

在尚善德育的大背景下，结合班级文化，建设小组特色文化。

2. 养吾剑法

学法指导，开展“读书方法超市”等。

3. 白云出轴

根据“海鸥之梦”，评选出派系类“武林新秀”等称号。个人类“初涉江湖”“武林高手”“名震江湖”等头衔。

结合特殊情况，开展“海鸥结对子”活动，结合班级两极分化严重，一帮一结对子活动，以优促学，带动班级学习成绩的提升。

结合取真经：每一届“海鸥”中队都无可复制，有着自己鲜明的特色，于是我会邀请优秀的毕业生，让师哥师姐们传经送宝，助少侠们取得真经。

六、我的“江湖”是传说——法宝助阵

1. 昆仑镜

心怀梦想，量“励”而行，与“二十年后的自己”对话。

2. 追日靴

你追我赶，“三人行必有我师焉”活动。

3. 补天石

开展“在晨间舞蹈，在午间漫步，在星空下倾诉”的经典诵读活动。

七、我的“江湖”是传说——锦囊妙计

1. 凤凰琴

“心心点灯”心理辅导活动，如“欣赏我自己”等。

2. 乾坤袋

系列班会，振奋士气。

3. 天机镜

“望闻问切”道德诊所。大夫来自家长和往届优秀毕业生，为准毕业生们送来锦囊妙计。

一个班级的管理，是循序渐进的过程，从我接到4班开始，他便开始在我心里生根、发芽、开花，最后结果。三年的时间，和同学们共同绘制蓝图，再一一去实践“海鸥之梦”参天大厦，他将化作精神的种子伴随着4班孩子们的一生，回首，那个拼搏的少侠依然神采奕奕！

创建“生命在场”的完美教室

——我的班级管理特色

宝安区翻身小学　欧阳凌洁

十几年班主任岗位的坚守，我始终坚持创建“生命在场”的完美教室，将愿景、文化、课程等融合在一间教室里，让我们师生汇聚在美好的事物周围，穿越在伟大事物之中，温习故事和经典，编织诗意的生活，最终让教室里的每一个生命走向卓越。

一、汇聚美好事物，让生命影响生命

一间教室，应该注重班级文化的建设，让教室汇聚美好的事物，给人以美的熏陶，应该在自己的构建过程中，拥有自己的使命、愿景、价值观。我所带的小荷中队本着民主、公平的原则，不断提升班级文化的内涵，提炼出主题荷文化，并由此延伸出“荷之声”“荷之光”“荷香书桌”“荷雅轩读书角”“小荷十景”“小荷尖尖”“小荷争锋”等系列文化，我们致力营造书香班级，以中队“小荷十星”评选为契机，培养具有小荷十德（礼、忠、智、勇、义、仁、孝、节、和、信）的优秀学子。

1. 荷雅墙面文化

蓬生麻中，不扶而直，良好的氛围和环境对个体健康成长有着润物细无声的作用。墙面文化是教室硬件文化的主打阵地，墙面文化的打造要做到主题鲜明、内容丰富、色调清新。

“荷之声”即班务栏。主要包括五大展板：荷之讯（课程表、作息时间表、劳动安排、班干部表、尚善学子评价制度）、荷之恩（科任老师简介，

图文并茂）、荷之歌（三字学习歌）、荷之礼（班训、班级公约、班级目标）、荷之乐（班级活动剪影）。

“荷之光”即班级表彰部分。每月选出优秀小组、优秀学生、向善学子、阅读之星，起到榜样示范作用。我们采用废物利用的方式，用废弃光盘做成荷花底盘，用白纸工笔细描，绘成粉色荷花瓣，远远望去，绿荷红菡萏，开合任天真。

“小荷十景”即把荷文化进一步内化的过程。让孩子们通过各种艺术形式表现荷文化，大家用剪纸、粘土、折纸等方式，展现荷花的曼妙姿态。“小荷十景”的十种荷花风姿，让我们看到了荷文化的独特内涵，我们还举行了“我给荷花取名字”比赛，最后同学们给这些荷花取了各种好听的名字：清荷、玉荷、雪荷、池荷、墨荷、雅荷、善荷、乐荷、邂荷。这正是“红妆绿裙荷花开，送来一阵荷花香。荷花朵朵真艳丽，此花此叶亭亭立”。

“荷雅轩书香文化”：教室读书角是队员们心灵一隅。教室的书没有制定烦琐的借书制度，随拿随读，随读随还。我们的读书宣言：“一个人最好的气质是书卷气，一个班级最好的空气是书香气。”书香文化，让学生心田上盛开着荷花，暗香盈盈。

2. 荷香课桌文化

课桌文化作为校园文化的一个重要分支，它根植于每个学子的心灵一隅，课桌每天与学生朝夕相伴，热爱课桌才能热爱学习，所以课桌文化重在营造学生的归属感。与私塾时代不一样的是，我们坚决拒绝学生打着文化的幌子在桌上刻字，但可以引导他们通过其他方式，让文化的嫩芽在课桌上悄悄绽放。给课桌命名就是一个很好的方法，这个活动能激发学生对课桌的呵护，对知识的渴求，对班级的热爱。给课桌一个好名字，就给了自己心灵一个栖息的地方。例如：风华书案、书香阁、肆心台等都是一些极好的名字。

二、呵护每个童心，让生命聆听生命

缔造完美教室，就是要呵护每一个孩子的心灵。关注教室里的每一个孩子，关注教室的每一个角落，让每个孩子成为教室的主人，每个孩子的潜能得到最大的实现。

1. 荷言荷语信箱

在孩子们沟通的过程中，我经常使用书信这种最原始、最纯粹的方式和孩子们共赴一场爱的约定。和孩子们用文字进行沟通，很多时候比我们反复口头说教有效多了，班主任与学生的书信沟通，是一种把思想工作做到学生心灵深处的好方法，能密切师生之间的关系，产生面谈所达不到的奇妙效果。文字就是这种神奇的力量，就如同一缕阳光般的微笑、一滴清泉般的圣水、一个亲人般的爱抚，都会让困境中的人感动不已，树立走出困境的信心和希望，开出一片爱之花。

在十六年的班主任生涯中，只要有孩子给我写信，无论有多忙，我一定会用最虔诚的态度给孩子们回信，哪怕只有一张小小的、黑黑的纸片，也不敢有丝毫怠慢，因为我知道，在那块小纸片上一定闪烁着童心的真、善、美，更盛满了对老师沉甸甸的信任。

针对疫情后孩子们心理问题频发的现象，我自费购买了一个小信箱挂在教室。每周五下午，仿佛已经成为班级最神圣的时刻，邮递员小戴同学会拿钥匙开箱取信。这时，孩子们的眼睛亮亮的、闪闪的，他们全都用那种小心谨慎又满怀期待的眼神，上下打量老师，仔细揣摩老师看到信后的每一个微表情。这个过程，既微妙又有趣，让人忍俊不禁。

这些或许算不上一封正式的信，却让我了解到班级深处，所不能看到一面。同学之间的小矛盾，父母关系对孩子心灵的影响，青春期的困惑，孩子们对学习成绩的担忧……师生的真情就在笔尖流淌，许多师生之间的误会、家庭内部的纠纷，都在这些点点滴滴的文字中渐渐消散。我打算把这些珍贵的字条，珍贵的信件永远珍藏。这是一个老师最珍贵的财富，正如全国名班主任丁榕老师在退休之后，翻看自己珍藏的学生的各种信件、字条时所说：“这一份爱，一生一世。”朴实的话语，却有温暖人心的力量，我也要做这样内心温暖而丰盈的班主任老师。

2. 荷美家校共育会

为了进一步加强家校合作与交流，我改变传统班主任为主导的家长会形式，采取多元、灵活的“小圆桌”研讨方式，解决家校共育的困惑。

家长会前期，我制作了一份关于家庭教育的问卷，卷中以“我与孩子”与“家长眼中的孩子”两个板块进行调查。从收到的55份答卷分析看，家庭教育大致问题涉及“课外阅读”“亲子陪伴”“习惯培养”“时间规划”等方面的困惑。

家长会前一天，先把班级的家长按小队的形式进行分组，做好筹备工作。筹备会中班主任对每个小组的主题进行布置与分工，家长们也根据自身特长与需求对主题进行了微调。筹备会决定以把桌子摆成小圆桌的方式，进行面对面家长会的形式互动，既可相互加深认识，也可合作探讨教育。

家长会当天，按照事先研究的主题进行小圆桌讨论，家长们面对面认识、探讨，一种平等、互助、互学的氛围就从这小圆桌开始，让小圆桌成为传递情感与见解的平台。

三、擦亮每个日子，让生命开启生命

缔造完美教室，就是要守住每一个日子。教室里的每一个日子都值得珍惜，那些看似平凡普通的日子，我们要用心去组织各种有意义的活动，就能够把它们擦亮。这些日子，就会写在学校的历史上，写在学生的心坎上，成为学生生命的亮光。

1. 荷韵班本课程

我积极探索班本德育课程的开发，结合班级“荷文化”，开发班本“荷韵课程”，根据班级课程目标设计了完整的班级活动系列，如“荷韵”课程，一学年进行了五个单元的整体设计：自主自动，荷馨家园；小小达人，荷乐同行；快乐舞台，阳光少年；快乐学习，快乐成长；学海追梦，培育于心。

在这五个单元中，我先后采用了不同的小主题，使课程实施更有针对性。在第一单元中设计了：

（1）我们的班名。

（2）我们的班徽。

（3）我们的约定。

让每个同学对自己的中队文化有全面的了解，并形成自我奋斗目标。

第二单元：

（1）礼仪小达人。

（2）荷乐传人。

让队员通过主题活动感知音乐学习中的“礼”，提升队员的个性修养与品位。

第三单元：

（1）小小舞台我做主。

（2）争做荷韵小达人。

让队员认识其价值，树立学习与生活的信心。

第四单元：

（1）合作之花盛艳艳。

（2）我与集体共成长。

体会在学习中做到心胸开阔，以我所长，孜孜不倦地求学。

第五单元：

（1）学海无涯，孜孜探索。

（2）魅力荷韵，金色梦想。

通过主题活动使队员的情感得以延伸，课程也体现出其自身的价值与魅力。

2. 小荷绘小荷

“小荷绘小荷”是本学期开展的一项班级特色活动，从字面理解就是：“小荷学子画小荷美景。”我们规定：孩子们在创作这些作品时必须遵循两项原则：

（1）主题必须是与荷有关。

（2）内容必须健康，积极向上。

一开学，我们就专门组建了六（3）荷花主题书画群，大家在群里讨论作品的用材、内容、呈现形式，整个九月我们都在酝酿、策划这次荷花主题作品展，家长、孩子们积极参与，国庆以后，我们收到了一批令人惊艳的作品，这其中有笔力遒劲的书法作品，有栩栩如生的国画作品，还有意境深远的诗配画作品……孩子们的潜力是无限的，他们用手中的生花妙笔，书写着自己对小荷中队的热爱与赞美，而在这个挥毫泼墨的创作过程中，孩子们也收获着成长的欢乐。荷文化已经根植在孩子们心灵深处，成为童年生活中不可缺少的一部分。

3. 小荷漫画展

九月教师节，我要求孩子们不要花费钱为老师准备任何礼物，要求他们亲手画一幅画送给老师，表达自己对老师的感恩！这次活动，我们结合语文书单元习作《“漫画”老师》开展，大家通过最简单、最朴实、最真挚的方式向老师们表达节日的祝福。每一年教师节，我的桌面一定没有孩子送的鲜花、礼物，但翻开孩子们诙谐幽默的文字，看到他们深深浅浅的线条绘制的画像，谁说我们不是最幸福、最富有的老师？

尊重每个生命，不仅仅是关注，更要敬畏。用生命影响生命，用生命聆听生命，用生命开启生命，让我们师生共同缔造“生命在场”的完美教室，这才是教育打开的正确方式。

小组合作模式在班级管理中的运用

——以“海鸥少侠中队”小组合作模式为例

宝安区翻身小学 向东华

在素质教育和新课改的大背景下，传统以老师为中心，班干部为辅的班级管理模式暴露出诸多的弊端。老师没有时间和精力关注到每个学生的发展，学生的个性差异，师生关系紧张。可见，提高班级管理工作效率，创新班级管理形式就显得尤为重要。接下来我以海鸥少侠中队为例，谈一谈小组合作模式在班级管理中的运用。

“海鸥少侠中队”的名称是“海鸥中队”升级版本，源于我们班学生到了高段，喜欢看武侠小说，孩子们一致认为，我们是拥有武侠梦的“海鸥少侠”。所以我们班的小组名称也颇具特色，通过海选，确定以下门派。仿佛个个是身怀绝技的武林高手。

小组	第一组	第二组	第三组	第四组	第五组	第六组	第七组	第八组
门派	少林派	武当派	峨眉派	逍遥派	华山派	崆峒派	雪山派	仙都派

一、创建“门派”

1. 竞选掌门，才艺大比拼：“少侠看你本事”

通过才艺展示，为自己拉票竞选，选出各门派掌门，即为小组长，各掌门认领小组名称。

通过才艺展示，消除学生心中的唯学习论，组长可以是有特长优势的同学，以此来激励学习上的弱势同学以积极的姿态展现自己。

2. “掌门”和“弟子”双向选择，老师调节相结合

“掌门”和“弟子”双向选择，遵循“情感共融，组内异质，性别平衡”的原则。成员可自主选择小组长，写上自己的优势名片出示给小组长，比如我擅长语文，或者我擅长画画等。小组长在遵循“情感共融”的需求下，还要遵循“组内异质，性别平衡”的要求，防止出现男生扎堆，女生扎堆的现象。在数量上也可以是232或者222的搭配，即两个弱等生，两个或三个中等生，两个优等生的搭配。对于性格内向，没有展示欲望，学习较弱的学生老师需要帮助他找到小组。比如该生加入该小组，在小组汇报时，此同学首先发言可以积分加倍，在老师的正确指引下，弱势一点的同学也能变成“香饽饽”。

双向选择是为开展小组合作打下情感基础，社会互赖理论家认为，当小组成员聚集在一起为了一个目标而工作时，靠的是团结的力量，良好的人际关系，使他们互勉、互助、互爱。

二、建设“门派”

1. 门派规矩，小组立公约：“少侠说一不二”

各门派围绕“思想、纪律、卫生、学习”等四个方面来立规矩，小组门派成员共同参与制定门派细则。待小组门派制定出门派内的评价制度之后，再将各个门派的意见综合起来，邀请科任老师参与，通过全面共同讨论的形式，对细则进行完善，最终形成一套适合本“江湖”行之有效的评价制度。

埃里克森认为，如果孩子能够获得自我管理的机会和支持，他们就会发展出自主性，独立行为的能力和意志力。自己定的江湖规矩，实施起来更加容易接受。科任老师也参与到班级管理，更易形成教育合力，在思想上形成共识，步调上一致。

2. 各门派地域划分风水宝地，两周一循环

以门派为单位，我们班人数较多，划分为7人一小组，比如“少林派”本两周的区域为第一大组前3、4排，“武当派”则在第一大组后3、4排，以此类推。小组内由组长统筹，以互帮互助为原则，自由分配座位，全班由班主任来协调。两周后，第一组到第二组的位置，第二组到第三组的位置，以此类推。

此方法，巧妙解决了换座位的疑难问题，学生有自由，家长无意见。

门派精神，形成文化：少侠同舟共济。

小组内人人有职务，人人有事做，遵循“一个也不能少”的原则。并形成小组口号，体现小组精神，比如少林派小组口号：少林壮志凌云，团结纵横四海。小组精神：团结互助，不冷嘲热讽，以小组的整体进步为荣。

小组文化，从团结的角度出发，避免个别同学被排挤的现象。

三、“门派”评比，实施原则

1. 评比

小组从纪律、卫生、学习三个维度进行评比，以正面激励为主，物质奖励与班级表扬相结合，团体奖励与个人奖励相结合。

2. 课堂中小组讨论活动原则

遵循“先独立后合作”和“弱者先行，中等其次，优等最后”的原则。首先要先独立思考，才能在小组合作说出有价值的思考成果和疑惑。激励弱势孩子积极发言，参与小组合作，在发表自己观点的过程中，找出自己学习方法的不足，中等生进行补充，优等生进行分析和总结，形成最终的汇报结果。

小组合作的目的是共同进步，每位学生都能得到关注和发展，不是优等生一言堂，一定要弱势同学首先发言，抓住这一点进行表扬和加倍积分的方式，激励小组成员帮助弱势同学进步。就如新木桶理论提到的，影响木桶能够装多少水，不光取决于最短的短板，更取决于木桶间有无缝隙。只有团体互相接纳，团结一致，才能共同进步。

3. “门派”活动，促发展

我们班结合学校的阳光体育活动，各小组开展了跳绳比赛。读书月活动中，各小组开展了“推荐经典”活动和“海量阅读”活动等等。在活动中提升凝聚力，在活动中提高协作能力，在不同的活动中让学生看到彼此的能力点，促进每位学生的发展。

新课改背景下，小组合作模式，是班主任把权力下放，让学生去实践去锻炼去自我学习管理。小组合作在班级管理运用中，要注意组建小组的科学合理性，尊重学生的意志，让小组成员发挥各自的优势，并不断完善小组的评价机制，做到公平公正公开，让每个学生到得到关注，得到发展。对优秀团队及个人及时给予奖励，激发学生学优争优的热情，不断提升班级管理的有效性。

班主任教你不慌不忙迎开学

宝安区翻身小学　金　群

又是一年开学季，历经一个寒假，送走瑞鼠，迎来金牛，同学们，假期余额已然不足，开学模式你充满电了吗？同学们，开学前一夜的你是这样吗？此情此景，作为你的班主任，会担心你积攒了一个寒假好吃好睡的能量，此刻是否够用？

亲爱的孩子，夜已深，还是面对现实，不管是否百分百完成寒假作业，都要留着好身体以迎接新学期为重哦！

新学期，作为学生的你们，准备好了吗？迷茫的孩子看过来，这边有妙招！为师教你不慌不忙迎开学。

话说“三人行，必有我师焉”。向优秀的同学学习开学经验就是一个不错的选择。请看五年级优秀学生郭婷婷送来的迎开学秘籍吧。

郭婷婷同学的娓娓道来，是不是让你精神集中了一点呢？如果还不能信心满满？来来来，班主任还有官方大招过给你……

开学不是期末，用不着降龙十八掌，让我们一起春风化雨开启“三个计划、五颗心”。

一、三个计划

1. 学习计划首当其冲

同学们可以将时间和学习的节奏、内容，进行一次量体裁衣式的计划安排。例如学习速度快的同学在节奏和内容上可以紧凑周密一些。学习比较吃力的同学，在节奏上和内容的量上根据自身情况，制定注重基础，同时又有些许提升空间的计划，切记不要制定从60分直接到100分的计划，这样华而不实。

2. 交友计划积极主动

新学期伊始，同学们可以计划着多交一些好朋友，以书会友、以歌会友、以文会友、以画会友等等，都是不错的选择哦！同学们，多一位朋友，你就会多收获一份快乐，这对于我们的身心健康是非常有益的。所以，建议你给自己制定一个交友的计划，可以是明确人选式交友，也可以在某些特定活动或是场合中发现志同道合，值得欣赏的朋友人选。老师真心希望每一位同学都能重视自己的交友计划。

3. 锻炼计划紧跟其后

俗话说“身体是革命的本钱”。求学之路，锻炼身体也不能落下哦。同学们可以针对自己身体素质情况制定相应的每日锻炼计划，建议咨询家人、同学、体育老师的意见，制订出适合自己、娱乐性强、可坚持性高的体育锻炼计划。少年强则国强。强健体魄吧，少年！

二、五颗心

1. 转化模式请收心

开学前一夜，与自己进行一次心灵对话，鼓励自己开始把假期的玩乐模式调整为学业模式。把放飞的心收回来，准备好校服、学习用品，收拾好书桌，调好闹钟，大有万事俱备只欠东风之态。

2. 勇登山顶下决心

一年之计在于春，一日之计在于晨。二月开学的我们，要在新学期伊始之际，下定决心使自己的人生有一个美好的开端，例如登山，登山前我们总要抱有必胜的、登上山顶的决心，才会有登上山顶的可能。在新学期我们也要坚定决心，许下目标，勇敢前行。

3. 前路荆棘需恒心

在接下来的学习中，同学们可能会遇到各种困难与挑战，不要害怕退缩，要对自己有信心。每一次的旅行都不会一直是晴空无云，偶遇狂风暴雨，也可以把行程走完，历经风雨也许是另一番旅行的体验与意义。所以，学习的过程中，无论出现什么困难，信心会伴君披荆斩棘，所向披靡。

4. 品德修养具爱心

尊敬老师，团结友爱，互助互爱，孝顺父母。就像同学们常记于心的社会主义核心价值观，也在教导我们做一名有社会担当、有爱心的好孩子。简而言之，好学生不仅要品学兼优，更要品德兼修具爱心。

5. 读书学问要用心

从古至今，做学问，做研究都是深远厚重之事。读书需要用心，处处用心皆学问。只有用心做人、做学问，才能有所成。相信同学们深有体会，课堂上用心和分心的效果可以说大相径庭。古有学者头悬梁锥刺股读书的故事，现有科学家们励精图治钻研天文、军事、医药领域科学奥秘。今日我们可借鉴古今做学问之人的经验，用心学习，将来担国之重任。

开学啦，开学啦，老师同学齐献招，不慌不忙迎新始。今日推文，愿君品阅，若有收获，我便心欢！

乐善于心，教化于行

宝安区翻身小学　李嘉璇

教育是一个良心活，教育教学中的每一个细节都会给孩子们带来长远的影响。尤其是在小学阶段，孩子们正处于身体和心理各项机能发展的关键期和敏感期。许多后天性的“问题孩子”，都有可能归因于在这段关键时期受到了不好的影响。

不论是对身边暴戾语言或暴力行为的模仿，还是在内心困惑时得不到开解反而被迫憋闷于心，都有可能导致孩子的内心出现一道裂缝。有的孩子有机会用一生的时间治愈自己不幸的童年，而有的孩子连治愈的机会都没有，永远停留在了反社会人格、自闭症的危险世界。

所以在日常教育教学中，我一直秉持着我们翻小“乐善于心，教化于行”教育理念，并进行了有关的教育实践，也因此收获了我的“铁杆粉丝”们，还收获了一堆希望我当他们“妈妈”的“孩子们”。

一、己所不欲勿施于人——学会悦纳他人，同理心才是高情商的关键

在当今时代，情商比智商更重要。只是大部分人都不知道“情商”这样难以具体量化的东西，究竟应该如何训练？其实只要从身边的小事做起，一点一滴学会“以善察人，以善纳人，以善待人”即可。善心善行，莫不过于从心底真正理解他人的行为，从而达到悦纳他人的结果，所以当孩子们发生争执冲突时，我们一定要抓住这个教育机会，让孩子们学会理解和悦纳他人的行为，这不仅能够增强孩子的心性，更有助于提升孩子的社交能力和处事

能力。而情商正是在这样一件件的小事中慢慢化成的。

小希是一个机灵可爱的男孩子，但是可能受到环境中的不良影响，他作为班干部管理学生时甚至会用手指着其他学生说话，让其他学生感到不舒服，感觉不被尊重。我作为班主任就找到了小希谈心。

我："老师知道，你之所以'批评'同学，是因为你认为他没有遵守规则，你认为他违反了纪律是吗？"

小希骄傲地挺起胸膛："是的。"

我："可是，每一个人都会犯错，包括你。你在犯错的时候真的是故意犯错的吗？比如你作为班干部，昨天还忘记带作业了，你是故意违反纪律的吗？"

小希有些慌了，试图解释："不是的，我不是故意的，我……"

我安抚小希说："老师相信你不是故意的，那么你觉得被你批评的那些小朋友他们是故意犯错的吗？如果他们是不清楚自己违反纪律了，那你作为班干部，可以耐心指点，提醒他们下次注意。如果他们是有什么原因才做了违反纪律的事情，就比如你是因为作业湿了才没带作业，你认为你并没有故意违反规则，实在是不得已，所以你不希望得到老师严厉的批评。那么你觉得其他小朋友会不会也认为自己是不得已，也不希望得到你作为班干部的严厉批评呢？己所不欲，勿施于人。我们要学会站在他人的角度看问题，再来解决事情。这样做的好处是，小朋友们会更加信服你这个班干部，认为你守规矩，懂礼貌，尊重同学，是个值得交往的好伙伴。反之，如果像你之前那样不分青红皂白就把其他小朋友一顿批评，别人表面上不敢对你班干部有所质疑，心底里对你肯定是不服气的。那么下次班干部换届选举，你还能拿得到选票吗？"

小希感到有些惭愧，郑重地说："我懂了，老师。我一定不会辜负您的期望，把'己所不欲，勿施于人'这几个字刻在心里，做一个让他人服气的好班干部。"

通过这个例子我们可以了解到，孩子并不是不懂事，只是他没有理解为什么不可以"批评"其他同学，为什么他做着认为正确的事情（批评违反纪律的同学）却得不到他人的认可。只有让孩子也切身体会和理解个中道理，孩子才能够真心实意地遵循师长定下的规则，才能够获得人格领域长足的进步和成长。

二、唯宽容可以从容——学会理性化解矛盾

孩子之间发生矛盾是一件好事还是一件坏事呢？我想大部分人都认为这是一件坏事。可能会认为孩子给自己添麻烦了，或者是觉得很小的一件事根本没必要发生矛盾。抑或是担忧孩子总是不懂宽容为何物，未来又该如何与人相处。实际上孩子们之间发生矛盾也是一件好事。古语有言，不破不立。只有当问题发生的时候才能够在实践中促进孩子们的成长。

成都四十九中那个鲜活的少年，仅仅因为被喜欢的女生拒绝，就选择离开这个世界。社会各界议论纷纷，一致认为这名学生心理承受能力太差。殊不知罗马不是一日建成，这个孩子为什么会因为被女孩拒绝就跳楼，很可能就是在日常生活中遇到了问题时，心里难受却没有得到正确的疏导。很有可能这名男孩也曾跟家长倾诉过自己内心的委屈，但是只得到了家长不耐烦的回应：“这么点事儿别来烦我。”男孩不好意思向同学老师倾诉，在家的港湾中也得不到安抚，最终便写下了那句悲伤的句子：“一见四十九中楼，一跃解千愁！”

孩子们之间发生矛盾，很多时候就是对事情的看法、对世界的认知出了问题。如果家长和老师能及时发现孩子不对劲的地方，耐心引导，和善教化，世上的伤心事或许又能减少一桩。

小马同学和小李同学是我们班有名的“对家”，他俩的矛盾能从早数到晚。

小李：“老师，他就是故意打我的！”

小马：“不是！是他先打我我才打他的！”

小李：“老师，真的是他故意打我，我才打回去的！”

师：“小李，你说小马故意打你，你有什么证据吗？”

小李：“刚刚他就突然打我一下，特别痛！旁边的人都看到了。”

旁边人皆点头为他作证，纷纷仗义执言：“是的，刚刚小李什么都没干，小马突然就打了他一拳。”

在这种情况下，也千万不要马上下定论觉得是小马的问题，而是要先肯定小马的观点，耐心找出真相。

师："小马，你自己说一说，你觉得他打了你你才打回去，你能描述一下当时的情况吗，为什么觉得小李打了你？"

小马："就是我们在这里踏步，他踏着踏着就打到我了。"他还模仿了小李的动作，在踏步的时候手臂向前摆得幅度比较大，甩到了前面的人。

师："首先，小李确实没有打你，因为他是在踏步，跟着一二一的节奏摆手，他之所以会不小心碰到你是因为他认真踏步，手臂抬得很高。其次，你当时应该是左右脚跟小李不一致，他左右左的时候你在右左右，所以很容易碰到对方。他并不是故意打到你的。你为什么要说他是故意打你的呢？没有谁想故意打你，你也会不小心碰到别人，难道你希望别人每次也说你是故意的吗？"

小马："不希望。"

师："小李你也有问题，你不小心撞到了他，虽然不是故意的，但是你也应该跟他道歉，并且跟他保持一臂距离，注意不会打到别人。"

小李："可是我不是故意打他的，他是故意打我的啊。他真的打得我很痛！"小李很倔强，不愿意道歉。

师："虽然你不是故意的，但是确实是你先让其他同学感受到疼痛了，他才会想要反击。所以你也需要道歉。如果你伤害了别人不用道歉，那他伤害了你，他也不用道歉。"

小李渐渐懂了，跟小马说："对不起。"

小马也主动对小李说："对不起。"

师总结："没有谁会故意伤害别人，如果你在不小心碰到小马的时候就道歉，小马就不会反击，打得你很疼。如果小马宽容一点，不是直接反击，而是先问一下具体情况，可能也就不会反击了。下次不要再出现这样的情况了，可以吗？"

小李、小马："好。"

通过这个例子我们可以了解到，小朋友们之间的矛盾之所以得不到解决，也是因为他们双方都没有发现自己的问题在哪里，都觉得自己最有道理。老师在处理学生矛盾时也应该不偏不倚，公平公正。从理性思维出发，分析学生之间的矛盾。爱因斯坦曾经说过："学校的目标应当是培养有独立行动和独立思考的个人。”只有教师也理性分析问题，培养学生独立自主的思维能力，学生才能成长为更理性的人。

在我们班，没有哪一个孩子是真正的“坏孩子”，大家都能够互相体谅，互相尊重。没有对师长安排的不服气，也就没有充满“攻击性”的“叛逆”的孩子。孩子们都很愿意黏着我，想要叫我“妈妈”，想要当我的孩子。因为每一个孩子都想要得到尊重，每一个孩子都愿意在理解中成长。当年是我的小学老师教会我“己所不欲，勿施于人”，如今我也把这个道理传递给我的学生。希望每一个孩子都能健康快乐地成长，成为未来的国家栋梁！

成长在路上

宝安区翻身小学　陈　雯

从9月到12月，我从一个毫无经验的新手小白，在不断的试错中渐渐找到了班级管理以及与学生相处的方式。今年即将落下帷幕，感叹时间飞逝的同时，我也惊喜地发现，在这一学期中，每一点一滴的付出，都得到了相应的收获。接下来我的心得感受将从以下四个方面一一展开，与大家一起分享。

一、我眼中的班主任

班主任短短三个字，身上却承担了多重角色。班主任既是任课老师，也是校内外的沟通桥梁；既是班级工作的协调者，也是一个班级的管理者；既是学生行为规范的示范者，也是学生成长的守护者。教育的本质是鼓舞和唤醒，尤其是面对活泼可爱的一年级孩子们，更需要用充满“爱”的教育唤醒他们对小学生活，对学习的兴趣和积极性。班主任这项工作虽烦琐，但又很艰巨。

二、集体的力量

首先，是班干部的培养。对于一年级孩子们来说，他们的集体意识比较薄弱，有些孩子会认为“班级扣分不关我的事情”。班集体是培养学生个性的沃土，有了这块沃土，学生的个性才能百花争艳。我会经常告诉孩子们班级的建设单靠个人的努力是不够的，每个人都是班级的一分子，要学会为班级争光，而不是为班级拖后腿。在班干部制度中，我借鉴了杨主任的做法，采取“事事有人做，人人有事做”的班干部管理模式，让孩子们都参与到班级建设当中去。一方面能够锻炼到每个孩子的管理能力和责任感，另一方面也能避免“班长”职权过重导致“仗势压人”的不良风气。在班干部培养的过程中，我做了以下几点：第一，与家长沟通。传达无论职位大小，都能培养孩子责任心和能力的理念，家校共同鼓励孩子积极参与。第二，细分职位。把班干部职位细分至生活的方方面面，让每个孩子都能获得“一官半职”。第三，指导到位。作为班主任，前期亲力亲为指导，让孩子们明白管理的标准。同时也要有“容错”心理，犯错不可怕，引导孩子们及时更正。第四，留心观察。我们要善于发现尽职尽责的班干部，及时鼓励肯定，孩子们才能更有动力去为班级建设做出贡献。久而久之，孩子们心里也会有一把衡量的尺子，知道哪些事情可以做，哪些事情不该做。逐渐形成一个健康向上、团结协作的班集体。

一（5）班小鬼当家分工表

职务	星期	姓名	任务
小小秘书长	星期一至星期五	张艺惠　王昱飞	负责处理班级一切事务，重要事件及时向老师禀告
值日班长	星期一	张志嘉　郑雅文	组织课前背诵和午间看书提醒同学们做好课前准备
	星期二	黄宝嘉　方晨瑞	
	星期三	张艺惠　李田润	
	星期四	黄靖淳　钟芷依	
	星期五	赵晔芸　李萧航	
黑猫警长	星期一	刘懿墨　王俊捷	负责课间纪律的维护、督促、管理
	星期二	陈悦圳　刘晨希	
	星期三	李家栋　吕佳纹	
	星期四	卓峻苇　陈星臻	
	星期五	任清莹　周子缘	
路队排头兵	星期一至星期五	黄宝嘉　李田润	当日登上笑脸榜的同学举班牌带队放学、出操、上体育课
环保天使	星期一、星期三、星期五	方晨瑞	值日当天组织同学搞卫生，4:30须结束，最后倒垃圾关门窗
	星期二、星期四	赵依依	

续表

职务	星期	姓名	任务
护书卫士	星期一	王芃雅　李潇航	放学清点书籍
	星期二	林乐宜　刘彦熙	
	星期三	肖裕航　黄宝嘉	
	星期四	任清莹　郝宇博	
	星期五	张艺惠　方晨瑞	
学习委员	星期一至星期五	赵晔芸　陈星臻	课余时间抽空辅导
仪表监督员	星期一	郑鼎泽	每天检查红领巾； 周一、周五早上检查指甲
	星期二	李田润	
	星期三	彦　羽	
	星期四	朱怡萱	
	星期五	徐宛乔	
生活委员	星期一至星期五	刘彦熙	领、发牛奶； 上体育课和放学后关风扇、灯
护眼监督员	星期一至星期五	马凯亮　赵晔芸	监督同学做好眼保健操
护花使者	星期一、星期二、星期三	胡　楠	负责管理班级绿植
	星期四、星期五	张　琳	
组长	星期一至星期五	小组成员轮流担任	每天收好各项课堂作业

注：

（1）每一个月在班干部会议上小结本月工作；

（2）表现优秀的“小鬼”期末被评为“优秀班干部”光荣称号。

其次，一年级是孩子们养成良好习惯的关键期，作为班主任我们要紧抓习惯的培养，否则坏习惯一旦养成要改会很艰难。因此，在学期前期班级常规管理方面我实行“一周只抓一件事”的方法。我会在每周一的早上告诉孩子们这周的主题内容是什么，在这周我会重点观察检查这些内容。做得好的学生我会给一定的奖励，久而久之，一些做得不好的孩子看到其他孩子都有奖励自己也会渐渐向做得好的孩子看齐。

三、鼓舞的力量

在班级中，每个孩子都是独一无二的个体，他们的性格秉性各异。一个班里有乐观开朗的孩子，也会有含蓄内向的孩子。对于那些性格内向，不善于表现自己的孩子可能会被忽视。因此，我更要对这些孩子多加关注。对于这类孩子，我们要多一些关注，多一些鼓励，这些孩子就会多一些进步。左边这个孩子性格十分内向，语言表达能力、书写能力也会比其他孩子们偏弱很多。在这学期，我会尽量给他更多的关注，包括课堂书写时提醒他要注意书写工整，课堂多给他一些在全班面前展示自己的机会，平时多鼓励表扬他，与其他任课老师沟通给予更多的关注等等。经过几个月的时间，这个孩子从一整节课都在走神到逐渐开始举手回答问题，从不肯写作业到家长反馈对作业没这么抗拒了。虽然他目前在学习方面相较于其他孩子还是稍弱，但对于他自己来说，是一个质的飞跃。鼓舞不仅仅存在于学习方面，也包括生活方面。作为一名班主任，在生活中，要善于发现每个孩子身上的“闪光点”。右边这个孩子学习能力稍弱，纪律意识也很弱。但经过一段时间的观察，我发现这个孩子很有礼貌很有责任心。于是我让他担任班级中“安全文明岗”的职位。一段时间下来，他改正了追逐打闹的坏习惯，同时他自己也乐在其中，享受这份责任给他带来的成就感。

一年级孩子们的好奇心很强，有一段时间下课的时候，总会有学生仿照老师们上课的样子在黑板上写写画画。上课铃一响，我走进教室看见的是地上散落的粉笔头，教室里学生匆忙擦黑板的身影。一开始，我在班里严肃批评了这一行为，可风平浪静没几天，又开始有同样的现象发生。于是我换位思考了一下，小时候作为学生的我也会对粉笔字产生好奇，所以孩子们的行为是能被理解的。于是我反思了之前的方法，找到了另一种方法：变罚为奖，以扬代批。对于作业写得认真、书写端正、上课积极发言的同学，我会给他们奖励上台写板书。奖励他们轮流抄写课表、听写生字，将黑板变成他们“才艺展示”的平台，在黑板乱涂乱画的现象有所改善。

四、榜样的力量

德国美学家黑格尔说过：“不应该使孩子们的注意力长久地集中在一些过失上，对此，尽可能委婉地提醒一下就够了。最重要的是要在学生身上激发出对自身力量和自身荣誉的信念。”我会在课上和课间展开“我是小老师”的活动。用“优等生带动中等生，中等生带动后进生”的形式促进学生之间相互合作。充当“小老师”的同学们尽心尽力地将自己所学知识教给自己的“学生”，而被教的学生们也耐心听小老师们的指导。这一过程小老师们既实现了知识传递，也可能在教他人的过程中对同一个问题有了新的思路和理解。

在班级管理中，我采取“一月一表彰，一周一总结”的管理模式，每周班会课进行总结本周做得好的同学以及做得不好的现象。以月为单位对本月表现好的同学进行颁奖。“让孩子永远生活在希望之中”，我相信小小一张表扬信既能给孩子们一点“仪式感”，也能起到巨大的作用。在每个月的表彰环节，我也尽量做到以下两点：覆盖面广和表彰内容方面多样化。我会跟孩子们解释老师的评判标准是什么，让没有得到表扬信的孩子们知道自己的努力空间，努力向获得表扬信的孩子们看齐。争取保证表彰内容覆盖校园生活的方方面面，且每学期每个孩子都能得到不同方面的表扬信，通过正面强化树立孩子们的自信心。

“心之官则思，思则得之，不思则不得也。”班主任工作虽有规律可循，但面对的学生是在不断变化的。班主任只有三思而后行，因材施教，才能找到打开每一把“锁”的“钥匙”。提高班级管理的效率。作为一名新手班主任，我还有很大的进步空间，还有很多方法等我摸索。我将爱的教育的种子播种在班级中，盼着它们生根发芽。

问题来了怎么办？

宝安区翻身小学　向东华

“你们来这么晚，试卷都做不完！你们把老师的话当耳旁风！”第六节课我刚走到教室门口就听见数学老师很生气地批评几个学生。又是这仨！我多次个人沟通、家校沟通的对象，好了一段时间，老问题又来了。一低头，又看见教室地面横七竖八的垃圾，怒火也从心中来。到了快毕业了，怎么行为习惯一下就差了。我努力平复心情，这问题，一起来了。

数学老师拿着试卷离开后，我看着大家，“今天我们把班级的一些问题拿出来探讨，能及时解决的我们就这节课解决，不能一次解决的，也需要大家一起来努力”。

一、评比落榜了

“上周的最美教室评比，我们班落榜了。但我认为我们班的板报小组尽力了，看看我们的墙画，我们的黑板报，和别人班比起来，毫不逊色，问题出在哪里呢？”我提出疑问。

“我觉得是我们的卫生出现了问题。”小庄站起来说道。

“这段时间，要毕业考了，大家都在忙着学习，而忽视了环境卫生。有些同学都不愿意多走一步去洗手间丢垃圾，就直接塞在课桌里，或是丢在课桌旁边。”班长补充道。

“是的，大家现在看看我们的教室，看看你的桌子椅子旁边有没有垃圾，坐在这样的教室里，在这样的环境里学习，舒服吗？是因为要毕业了，所以不用遵守班纪班规了吗？”我追问道。同学们纷纷低下了头。

"曾经有一家公司招聘一个岗位，几千人应聘，经过初赛，几位应聘者脱颖而出，这天是面试的时间，应聘者们都在等候室焦急地等待着面试。突然公司通知其中一位面试者，恭喜她，明天来上班。还没面试就确定了，为什么呢？因为她扶起了地上的扫把，捡起了地上的垃圾。这就是面试官出的考题，对面试者的考验，只有她这样做了。这就是细节，这就是一个人的习惯。同样，我们不能因为考试而丢了习惯，更不能以此为借口放松自己。"

同学们纷纷捡起了地上的垃圾。

"刚刚你们考试，也没有休息，带着垃圾，洗手，上洗手间，保持安静，快去快回。"

待学生们回来，我要求大家把桌椅摆放整齐。

"请大家再看看我们的教室，整洁的教室是否让你们的心情变得更好呢？"

同学们纷纷点头。

"请班长带着同学们再把我们的班规学习一遍。"

"请小组长再带着小组成员学习一遍组规，并讲清楚奖惩原则。"

"所谓言必行，行必果。我相信大家可以说到做到。'不积跬步，无以至千里，不积小流，无以成江海。'学习是如此，行为习惯的养成亦是如此。"

课后我召开了班委会会议，提醒班委们要明确自己身上的职责，在其职，履其责，不能懈怠。更鼓励他们，作为班级的领导核心，要以身作则，成为同学们的榜样。

通过这件事情，我也在反思自己这段时间的班级管理，更侧重了学生的学业成绩，而忽略了小组评比中对环境卫生的及时评价。小学阶段的学生在意志力发展方面还存在坚持性、自制力不够，还需要老师有意识地去培养、去跟踪、去评价。

二、屡次迟到

"这三位同学的迟到问题，就如顽疾，治过很多次了。请同学们群策群力，帮助他们。你们在小组推荐一位医生，'望闻问切'对症下药。"

环节一 "望诊，观察" "闻诊，倾听"

三位当事人陈述自己迟到的原因，同学们认真观察，倾听。

“我妈没有叫我起床，我两点钟才出发，所以就迟到了。”小文一脸无奈。

“我昨天晚上两点钟才睡，中午都不够睡。我就是晚上睡不着，白天睡不醒，我也没办法。”小杰唉声叹气地说。

“我也是起晚了，所以迟到了。”小泽摇摇头说。

环节二 “问诊，提出问题”“切诊，提出方案”

生1：小文，你之前迟到也是因为这个吗？能不能设置闹钟呢？你中午回去的时间是怎么安排的？几点吃饭，几点午睡？

小文：我没有看时间安排，有闹钟也忘记设置了。

生2：我建议你记录下来，今天提醒自己设置闹钟。我中午回家自己热饭吃，午睡也是闹钟叫醒我。我们要养成自己的事情自己做的习惯，不依赖父母。

生2：小文，你要自己把学习重视起来，向老师和你聊过很多回了，也去你家里家访了，但如果你自己不改变的话，真的没人帮得了你。毕竟没有人能叫醒一个装睡的人，你说呢？

小文点点头。

生3：小泽，我发现在上学路上你会在路边小店逗留，这样也会影响你的上学时间。其实我很佩服你有很强的记忆力，你背课文看一两遍就会背了。我觉得你还是要严格要求自己，成为我们学习的榜样！

小泽很受鼓舞，说“好！”

生4：小杰，你晚上怎么睡这么晚？你在做什么呢？我们也没有这么多作业啊！

小杰：反正我就是写一写，磨一磨，我也不知道自己在做什么，就是有点磨磨蹭蹭。

生4：那你爸爸妈妈不提醒你吗？

小杰：我不想听他们的，我觉得很烦。

生5：我的爸爸妈妈也很唠叨，但我知道他们是为了我好。你想一想你越是做不好，爸爸妈妈就会越唠叨，是不是这样？并且晚睡，也会影响你的身体健康，白天上课也无精打采。这是一个恶性循环。

小杰：我再努力下吧。

……

通过大家交流，我发现小文、小泽和小杰有一个共性的问题就是时间管理。因为没有时间观念，回家晚，吃饭晚，睡觉晚，上学晚，考试做不完，一步晚，步步晚，今天改变的第一步就是先把数学试卷补起来。有时候不仅仅是他们会迟到，别的同学也会迟到。为了保证接下来为期两周的学习时间，每个小组需要设置时间管理表，分为家庭时间管理和学校时间管理。请大家一起设计，学校时间表由小组长保管，家庭时间表由父母管理，每周评比出“时间管理大师”“最努力小组”，并把结果纳入学期末“向善学子”的评比中。

家庭时间登记表

姓名 / 时间		完成作业时间点	睡觉时间点
生1	周一		
	周二		
	周三		
	周四		
	周五		
	周六		
	周日		

学校时间登记表

时间 / 姓名		早上到班时间	午读到班时间
周一	生1		

教育不是万能的，作为教师也没有力挽狂澜的功力，有时候我们要放下自己无所不能的执念。把问题抛给孩子，利用同伴的力量，以彼此为镜，让学生在同伴的督促中成长。问题来了怎么办？兵来将挡，水来土掩。作为班主任，我们还需要有防微杜渐的敏锐眼，及时解决问题的智慧心，说做就做的行动力！

教育故事篇

对于教育，似有万语千言哽咽喉间。我们常常感动，也常常被感动着，因为一个人，或者一群人。

一个教育故事，就是一段师者的心灵之旅，一首师者的成长之曲！

“微”风起，心霾散

宝安区翻身小学 张婷

我揉了揉发痒的眼睛，活动活动有点酸楚的右手，给平板充上电，打算休息一下。突然想起来，今天我还没有和滞留在湖北的家长和孩子们聊聊天呢！

一看到微博上湖北陆陆续续封城的消息，我马上想到因为疫情滞留在湖北的家长和孩子们，十分担心他们的身体健康，我第一时间就给两位家长发微信了解情况。

在得知他们身体暂时都是健康的时候，我心里长长舒了一口气，但是心里同时也落下了另一块大石头——滞留在湖北让他们非常恐慌。在接通电话的那一刻，平日里就咋咋呼呼的小君妈妈十分着急地告诉我：“张老师，我们这边的路全部都封了，连小区门口都出不去了。早知道这情况我就不回老家了。现在困在这里，没开车也走不了。网上新闻播报的疫情实在是太恐怖了。我在这里吃不下睡不着，都不知道怎么办了。”小明妈妈也告诉我：“张老师，我们回来的路上在武汉火车站滞留过一段时间，心里有点担心……”此刻，我想她们需要的是一位倾听者，听一听她们内心的恐惧，她们上有老，下有小，有些害怕只能藏在心里默默承受，说出来也许是排解情绪的一种方式。静静地听着她们的诉说，我温声细语地安慰她们，让他们做好防护措施，时刻关注身体变化。我嘴上的话语听着平静，但是内心不禁激起层层涟漪——遥隔千里，我要如何帮助她们呢?

于是，我决定利用微信每天与孩子或者家长聊天，每时每刻密切关注孩子和家长的身体状况及心理状况。每天除了繁忙的备课、录课、改作业等正常教学工作以外，我特地收集一些关于疫情的正能量链接发在班级微信群里，还特地私发给两位家长，让她们知道疫情形势虽然很严峻，但是有许许多多的人和她们在一起——专业的医疗队伍支援湖北，五湖四海的人们热心捐助物质等等。我还会和她们分享我自己家中的一些趣事。慢慢地，她们的话语里少了紧张和害怕，多了几分轻松和快乐。

2月底，教育部门发布了从3月2日开始讲授新课的消息，班级群里开始讨论领书、购买学习资料的事情了，两位妈妈和孩子又开始了新一轮的焦虑——湖北不发快递，孩子没有书怎么上课？等到湖北解封的时候学习资料会不会已经卖完了？我在微信上安慰她们："我已经帮孩子买好学习资料了，班级热心的家长也帮忙领书了。没有书，不用怕，我们老师和家长一定会坚持给孩子拍照，一页都不会落下，有学习难题，不用担心，学习小组群互相讨论，轻松解决。"近一个月来，我们就凭借着微信，一次又一次地安抚了她们焦虑的心。

想到这，我马上拿起手机，点开微信开始愉快地聊天——小君和我分享他的新发型，圆圆的小光头是他最新最勇敢的尝试，滴溜溜的小眼睛配合圆乎乎的小脑袋，甚是可爱；小君妈妈分享了她今天新做的肉包子，看得我直流口水；小明很高兴地告诉我他终于看到了雪，虽然没有堆雪人，但是细细碎碎的小雪花真是美极了；小明妈妈还跟我说周围的邻居每天都给他们送菜，每天吃在嘴里，甜在心里……

就这样一天天过去，疫情终于得到控制，滞留在湖北的两个家庭也在同一天回到了深圳。小君妈妈依旧咋咋呼呼地一条语音发过来："张老师，我们在你老家惠州休息站啦，现在和你呼吸着同一片空气，空气真是好极了，我们下次一定来惠州好好玩玩。"听着她爽朗的声音，我就和他们约定疫情过后一起去罗浮山走一走。小明妈妈也发来信息"张老师，我们已经安全到达深圳，谢谢你这段时间的关怀，和你聊天是我这段时间最快乐的事情。太感谢了！"寥寥数语，胜过千言万语，我想虽然我未曾和他们身处一地共患难，但是我们以微信为桥梁，传递的情感又岂能是言语能够道尽的？

无论何时何地，我都会坚持用一言一行去爱护我的孩子，爱护我的"家人"。新冠肺炎疫情来势汹汹，千山万水阻隔不了我爱孩子们的心，我虽未能像医护人员一样支援前线，却巧借一股"微"风，荡去他们心中的阴霾，心中亦有一番安慰。这也许是我一介凡人在疫情阴霾中洒下的点点星光吧。

我的毕业班故事

宝安区翻身小学　詹燕苗

去年五一，我休完产假回校上班，第一次接任高年级班主任和教学工作，心中不禁有些忐忑。时光匆匆，一年就要过去了，还有两个多月，这群孩子也即将毕业，想起这些，心里不禁感慨万千。记得刚接班的时候，上任班主任和同事们都告诉我，这个班孩子挺好的，除了爱说话，学习不错，也还算自觉。一周后，我终于能把学生对“名”入座了，也发现了一些问题。孩子们观察到我是个比较“佛性”的老师，各方面不如前任班主任雷厉风行，便开始“各显神通”。我反省过，试着让自己雷厉风行些，但是江山易改本性难移，最后，我还是自己遵从自己的内心，做回自己，用自己的方式去和学生交流。两个月后和小林家长沟通时，家长一句“孩子谈起你，没说过‘谁谁谁才是老师亲生的’”，更是给了我莫大的安慰和动力。

阿钦、小毅是班上的写字困难户，各科成绩堪忧，最让人苦恼的是这俩孩子安于现状，似乎学习是家长和老师的事情。他们都爱看书，下课看，上课也看，语文课上，思维清晰，表达流利，回答问题角度独特，常一语惊人，这是爱读书的结果。可是一看这俩孩子的作业就一个头两个大，不仅字写得歪歪扭扭，缺胳膊少腿，错字连篇，还前言不搭后语，甚至作文通篇就一个句号，还说古人写文章就没用标点符号。一看这俩孩子的优点，不需要放大镜也在闪闪发光呀。于是我课上大肆表扬他们爱读书，见解独到，学霸们都要敬他们三分，课下又不断找他们沟通，让他们认清自己的优缺点和努力方向，隔三岔五给家长打个电话留个QQ信息，肯定进步，提出要求。这学期，阿钦竟然连续几次语文考试九十多分。

小林是我们班的段子手，名扬六年级，自认为全班第一帅，学习比较自觉，成绩中等，但是有些明显的早熟，不戴红领巾，不穿礼服，总觉得这是小屁孩们的事情；对待班级事务也总是嗤之以鼻，表现出一副满不在乎的样子，私下认为老师偏心，只喜欢学习好乖巧的孩子。我在他的作文中发现他熟悉电脑操作，于是申请了班级公众号，聘请他当主编，职责是自己学习编辑公众号，招聘三名编辑，并教会他们编辑班级推文。当推文末尾闪烁的“编辑：小林”越来越多时，他那一副“遗世独立”的模样便渐渐消失了。这学期我又请他担任课前领诵员，让他根据本学期的背诵内容做好课前背诵计划，帮助全班同学利用好零碎的时间完成背诵任务，减轻学习负担。晚上，我刚把背诵内容发过去，不到半小时，就收到了他的信息，请我查收计划表，提出意见。看来，这个帅小伙把班级事务放在心上了。

小张是我们班的另一个段子手，学习同样自觉，还有打破砂锅问到底的精神。但与小林不同的是这孩子教养不好，还明显地拣软柿子捏，课上不仅随意插嘴，被老师批评还当面锣对面鼓地顶起嘴来，不少好脾气的科任老师都被他气得没办法。一次语文课上，我批评他随意插嘴，没想到他竟然因此生我的气，写作文骂我，课上课下时不时和我顶嘴，冷不丁地给我一个白眼。佛性的我苦口婆心地跟他讲道理，想着晓之以理动之以情，就这样过了一个多月，可是毫不见效，退无可退的我终于决定不做软柿子了。一天午读，同学们都在安静阅读，他却讲起话来，我示意他安静，没想到他送我一记大白眼。我心想：好啊，机会来了，让你领教一下为师也是有脾气的。我深吸一口气，大声吼道：“张××，你出去！你当老师是你的出气筒啊，上课讲话还敢给老师白眼！出去！”全班同学都吓了一跳，最重要的是，小张同学也感受到了空气中弥漫的火药味，低着头走出了教室。我在教室里给全班同学说着这一个多月的事情，还故意提高嗓门好让教室外的他听清楚。五分钟后，我出去找他，只见他已经一把鼻涕一把泪了，见到我赶紧说：“老师我错了，我以后再也不敢了……”此后他态度大有改善，我便在班上帮他树立起勇于挑战缺点改正缺点的光荣形象。也和他的家长联系，委婉地提出家庭教育方面需要注意的问题。和同事说，早知道狮子吼能镇住他，就不用受这一个多月的白眼了，这可比春风化雨来得有效彻底呀。

我们班上有三个画画高手，这一年多来承包了我们班黑板报、外墙以及各类海报，但说起这三个孩子，情况却大不相同。

欣，父母在做爷爷奶奶的年纪生了她，家里有比她小不了多少的侄子侄女，家里虽然富裕，却没有给予她足够的爱与关怀，不仅体弱多病，还孤僻狐疑，甚至有过轻生的念头；每每看到她总让我心疼。于是，当她不舒服趴在桌上时，我走过去蹲下，摸着她的头发安慰她；当她把心事变成一首首诗写给我的时候，我用心地给她回复；当她课间冲我做鬼脸时，我报以会意的微笑……现在班里需要画些什么，她会主动要求她来画；没有完成作业的时候，我可以放心地批评她了；觉得自己体弱不想出操，遇到我的笑脸，她也会不好意思地赶紧跟上去。

思，也是个女孩，长得白白净净，作业、试卷也“白白净净”，和她说什么，只回一句“哦”，让老师特无奈；家里条件很好，她觉得自己就这样舒舒服服地过一天是一天就好了，用功太辛苦了，父母也拿她没办法。这样的孩子，感觉就像一尊佛，除非她自己想动，要不谁都别想让她移动一厘米。刚接班的时候准备出黑板报，我说需要一个同学帮忙画画，这孩子抬起头与我对视了，于是我宣布黑板报设计就由她负责了，私下再一点点教她怎样做。在一次次板报设计中，她渐渐动起来了，我想她是感受到了自己在班级中存在的价值，学习也用功了许多，这学期，语文成绩也有了质的飞跃。

珍，在同学面前大大咧咧的，一到老师跟前，就眼皮一垂，没精打采，成绩很优秀，却对班级事务不热心，对老师不信任。平时单独让她做点事情，她都得想个借口推诿了。我找她的好朋友了解情况，才知道原来她觉得老师们不喜欢她。接下来当然是想办法让她知道老师们对谁都没有成见。做板报、收作业、当小老师……只要适合的事情，都让同学捎上她一起做。前几天，她的好朋友让我猜她私下怎么称呼我，原来是“老詹”，看来，老师在她眼里不是原来的老师啦！

我们常说世界上没有完全相同的两片叶子，何况是一个个活蹦乱跳的孩子呢？特级教师、著名班主任桂贤娣老师每天都会自己有三问，即你爱自己的学生吗？你会爱你的学生吗？你的学生能感受到你的爱吗？我想爱学生，首先得接受学生的个体差异，真心对待每一个孩子，讲究方式方法，让学生感受到你的爱，才能真正走近学生，让学生接受你的教育的和引导。

我想班主任工作没有故事，每一天都是真实的琐事，我们做的就是在琐事中让孩子感受到爱并不断成长。这班孩子马上就要毕业了，在剩下的两个多月里，我还得继续努力让孩子们感受到我的爱，加油！

一首离歌，两个故事

宝安区翻身小学　张东霞

时间一转眼就过去了三年，一切在我心里开得好皎洁，现在倒计时也不剩几天，脚边的纸片，来不及去捡，仿佛是快要冲破压力的茧……

——雷雨心《记念》

四年级下学期，我休完产假重回工作岗位，开始接任新的班级。不曾想到的，从相识那天起，我们的日子注定不凡。过去三年里，我们从相识，到相杀相爱，几经波折，历经磨合，结局还算圆满。

写给F：

中国人取名字极其讲究，我们的名字往往寄托着父母对我们的美好希冀。说说你的名字。当我第一次听到这个名字，觉得充满文气，我从中深切感受到父母对你的殷切希望。

1. 先声夺人篇

如果没有见到你本人，相信大家都会凭名字先入为主，认为你是个品学兼优的优等生吧。但是，只要接触过你的老师，都并不那么认为，你的名字失却了当初父母希冀的最初印象，反倒堕落成为“恶魔”的代名词，让许多同学、家长和老师，轻则“花容失色”，重则“闻风丧胆”。曾记得初来乍到之日，霍老师非常严肃地告诫我：“他是重点关注对象，孩子很敏感，会让人很头疼。”我心想：霍老师既已给我交了底，那我何不先找家长了解情况？于是，开学第二天，我跟霍老师要了班级通讯录，诚意邀请你的家长

（包括爸爸和妈妈）到校当面详谈。事后，我感慨良多：可恨的孩子果然还是有可怜之处，你还是个让人心疼的孩子呀！父母忙于工作，从小对你疏于管教，七姑八姨的照看又如何与父母的陪伴相提并论？！如今父母事业有成却追悔莫及。还好，你的内心是善良的，还好你的问题归根还是习惯问题。当你的父母跟我打包票——对我的教育方式和决策一定赞成时，我瞬间感觉找到“靠山”，我的自信也随之而来了。

2. 风波骤起篇

开学第四天，你因为课堂上迟迟不听讲的缘故，我用犀利的眼神以提醒，瞬间教室里鸦雀无声，大家都等待着、观望着。当你终于发现我眼神里的“不怀好意”时，你立刻愤怒地回了一句“你瞪谁呢？！”随后不忘回赠一个白眼给我。于是我沉默着走到你面前，准备“大干一场”。

这时，有个“见义勇为”的孩子嗖的一声站起来，大声提醒道：“老师请小心，他会打老师的。”

“是的，张老师，他以前就打过老师……”其他同学立刻附和。

我站了一会儿，又重新走回讲台，边走边搜肠刮肚思索对策，所谓“攻人先攻心”，灵感随之而来。我慢悠悠地拿出手机，放在第一排学生的桌子上，开始娓娓道来：“敢打老师的学生我不怕，这是法治社会，打人是要承担刑事责任的。中国向来尊师重教，一个学生连老师都敢打，就等着被开除甚至被劳改。再说，我行得正、坐得端，众目睽睽之下，在座的每一位都是我的证人，我问心无愧……”我话未说完，你嘴上开始碎碎念，边说边愤然起身离开教室。

可想而知，之后的一学期是个不安宁的时期，每天我总要花一两节课时间去处理他发起的矛盾、纠纷等各种问题，时而是跟班上的同学打架，时而是跟同年级兄弟班的矛盾纠纷，时而是低年级同学过来投诉你以大欺小，时而是你肆意破坏公物，时而是在课堂上用铁珠子把英语老师伤到头晕目眩……你的父母也随时随地被我“夺命连环call”，随时被我叫来学校处理问题，你和父母都饱受你冲动过后的各种“惩罚”和折磨。

3. 改造计划篇

有一次，偶然看到微信公众号推送的一篇文章，我大受启发。夜深人静之时，我拿出纸笔，开始把你的不良行为和习惯一一列举，把需要改善的目标放在旁边相对应的位置，就这样进行整合“列队阅兵”，最后总体规划，形成条理分明的表格。第二天，我又邀请你的父母到校商谈，向他们说明我的计划，并明确指出需要他们配合的种种。之后，我立刻把你叫到我和父母身边，开始我用“糖衣炮弹”打开你的内心重重防线；接着我以你近期获得的“大跃进”式的佳绩表示肯定；然后说明我的分解目标，让你明确我的“改造计划”；最后我跟你的父母都以各种方式对你加油鼓劲。你终于同意参与并配合完成我对你实施的“改造计划”。

4. 爱上层楼篇

与你交锋的过程是惊险的、痛苦的，但结果却是让人惊异的、欣喜的。来自其他同学的投诉越来越少了，你对老师的态度越来越礼貌和善了，上课开始参与学习了……渐渐地，变化越来越可喜：曾经的你，安排座位就是个大问题，如今同学们都默然接受我的安排；曾经的你，被班级孤立，毫无集体荣誉感，如今你主动参加校运会飞盘项目，并为班级夺得第一名的好成绩；曾经的你，仿佛与作业结下深仇大恨，如今的你按时完成上交作业，期末考试居然还取得92分的优异成绩……你的一次次进步仿佛筑基高台般，总有“更上一层楼”的即视感。

致W：

我认为父母是爱你很深很深的，从你的名字就可见一斑。但你常常在我面前抱怨父母对你的忽视和冷酷，也抱怨父母对你的态度皆源于我对父母告状。对这个看法，我感到很无奈。你是个内心极度敏感的孩子，刚开始，我没有注意到，很多言语和细节都被你当作辩驳的理由，竟让我无言以对。

还记得有一天下午，第五节课铃声刚响起，就接到教学处主任的电话，言语间比较严肃低沉，我顿觉不妙。果不其然，一到教学处，主任就开始问我关于你的情况，涉及方方面面，于是我把你的情况简单向领导作了汇报。此时我还是“丈二的和尚摸不着头脑”。于是我主动问领导：“究竟发生了什么事？”紧接着，我的眼前就出现了一张黄色便利贴纸条，你用抽象的线条作出一幅“写意画”，并用极其简洁的言语殷切地表达你要转班的愿望。这时曾校长也过来了，主任也跟我理清事情经过。我明白了，你是要借校长之手来敲打我，好一招“隔山打牛”“借力打力”。幸亏我们领导都不是好糊弄的，他们的心里都悬着一面明镜。

我开始将事情经过还原，事情是这样的：早上班上有七八个学生迟到，为了整顿班风，我开始"肃清运动"，他们一个个惭愧得脸红低头，除了你，因为你偷偷躲开了"肃清"教育，其实我也发现了，明知你比较敏感，我并未公开"讨伐"，其他"惯犯"亦心照不宣，不想把事情闹大，此是前话；第二节语文课上，孩子们都积极参与到课堂中，唯独你，拖拖拉拉，一直在抽屉摸摸索索，我三番五次眼神提醒，终于在学生齐读的空余，我走到你身边小声训斥，言语尺度把握还算正常，希望你能改正，结果你瞬间拍桌子，大声叫喊"关你屁事！"我当下内心是伤痛的，但还是抱着"息事宁人"的态度继续上课，此是二话；语文课后，你们小组组长上台跟我打报告："老师，W又没有交作业。"我于是叫你上台跟我面谈，原本是想简单说两句让你补回作业就算过去了，谁知，你无动于衷，在座位上用眼睛仇恨似的瞪着我，我便快步走到你身边，想让你跟我去办公室"聊天"，你很不配合，我就想用手拉你过去，结果把你惹急了，你愤愤然跑开了，第三节课上课你仍未归来，此是后话。

跟领导一番交流后，我决定还是自己装作不知道此"纸条"事件，回到办公室开始思索解决方案，思来想去，我计上心来——你既想转班，我何不来个"将计就计"，让你"知难而退"？我马上拨通了你妈妈的电话，妈妈爽快答应明天到校详谈。下午课间，有个孩子偷偷跑到我的办公室跟我打小报告，说她发现中午放学时W写了一张纸条贴在校长门口，说W要转班。我正愁找不到突破口，欣喜这个孩子真是"及时雨"。

第二天上午第四节课，妈妈来了，我跟她道明原委，让她配合我"演一出小戏"。上午放学后，我、你和妈妈坐在教室开始面谈。我让你当着妈妈的面，把对我的不满全部说出来，我想知道自己哪些方面存在不足，请你帮我不断改进。我早就料到你说的问题，我都承认，然后开始把每一个不满背后的缘由抽丝剥茧般分析给你听，你开始不说话了，我清楚，你内心苦心经营的防线开始崩塌了。我进一步点明自己昨天收到的"情报"，认为自己不能理解，把F从在班上不被接纳到与班上同学打成一片的情况与原因简单说清楚，接着追问你目前在班上被孤立的原因在我、在同学还是在你？你回避问题，头转向其他地方。我沉思了一会儿，示意你回头，并假意跟你提出愿意满足你转班愿望，继续向你追问："如果转回四班，你从此不再迟到，作业从此按时完成，上课从此认真听讲，书写从此工整端正，对待老师从此礼貌尊重，那我同意了。成功的教育不就将孩子不好的行为转化为好的习惯吗？"你开始眼泛泪光。我心有不忍，但依然步步逼紧："你不回答？是有想法吗？其实，我内心也有另外一种想法，这种可能性我觉得还是存在的。你是想借转班来转移我的注意力，每一次对于我的批评，你都以咆哮、出走的方式回应，是否是在逃避承担责任呢？"你开始小声抽泣，眼泪也开始肆意横流，我明白，我是戳到了你内心的痛处。我看了看妈妈，用眼神示意，妈妈开始发起"总攻"："我觉得张老师说得很对，这样吧，张老师，我觉得时间也不早了，我们W肚子也饿了，请给我们一点时间再考虑考虑，我也跟她回家再商量商量，考虑好了让她亲自跟您说。"相信妈妈在家对W的话肯定语重心长、费尽心思，结果跟预料的一样，你不想转班了，并且表态以后肯定好好表现。

都说孩子的问题具有反复性和长期性，从那以后，虽然偶尔还会迟到，还会有不完成作业的时候，但你的确改善很多，从未提起转班不说，课堂上还积极发言，不仅如此，你还主动帮我做了许多事，跟同学的关系也越来越好，你跟同桌之间的"银河"也悄悄消失了，你和我曾经的不快都在你灿烂的笑容中消融了，过去出现的种种也随着你那眉间紧锁的凹纹一起消失殆尽。

我想对你们说……

如今，又是一年毕业季，看着操场上摆着造型拍毕业照的毕业生们，那首《记念》的旋律又开始在头脑中回旋。

F和W，毕业之后，你们过得还好吗？回首过去，看到你们的转变，我真心替你们感到高兴。你们的转变与成长犹如春光里盛放的一朵朵樱花，在油油的绿枝头上昂扬着，在融融的清风中浅笑着，在明媚的春光中娇艳着……你们的成长，让我自己也充满职业成就感。你们的路还很长，愿你们踏实走好每一步！不管你们以后的路途是往父母期待的模样延伸，还是往你们自己内心设计的"蓝图"搭建，相信属于你们未来的风景会更加秀丽怡人。回忆这两年多的时光，我不时脑海间会不时响起那一曲离歌，莫名伤感！我只是你们生命的过客，离别是必然的，"我们"虽已成为过去，愿你们依然能够回头看看属于"我们"的风景。

也许“天使”睡着了

宝安区翻身小学　欧阳凌洁

当我还是个菜鸟班主任时，我遇到了一个特殊孩子——程程。

早上、中午，我每次苦苦等待的那个迟到的人总是他；背书、收作业，不能完成的总有他；课堂上，最吵闹的也总是他。最让我不能忍受的是，他经常大声嚷嚷：“我要去跳楼！”我彷徨、痛苦、无所适从，甚至后悔干上了班主任这份苦差事。

谈心、表扬、鼓励，对他都没有任何效果。我有些动摇了，都说每个孩子都是天使，可他根本就是颗不定时炸弹。

一天，这颗炸弹又爆炸了。

“老师，老师，程程要跳楼了！”我的心猛地一紧！快步来到课室，只见他缩在窗帘里，像一只惊慌失措的小鹿。原来程程不小心把同学的牛奶打翻了，在同学们的指责中，他失控了。

此时，从他的眼神中我看到了惊惶和无措。我蹲下身来，柔声地说：“孩子，老师知道你不是故意的，是同学们的话让你伤心了！”我的话语刚落，他突然号啕大哭起来。

我心里有数了，程程并不是真的想要跳楼，他只是害怕、无助，只是想要逃离同学们嫌弃的眼神。于是，我轻轻地帮他把身上的牛奶擦干净，紧紧地把他搂在怀里。

当天晚上，我似乎觉得程程的眼神里还有些东西我没读懂，决定对他进行一次家访。

当我来到他家时，震惊了！原来在他三个月大时，爸爸就离开了他，

妈妈弱小的肩膀担起了这个风雨飘摇的家。从此，陪伴他的只有外婆和墙壁，一年、两年……十年过去了，他一个人游戏，一个人学习，一个人慢慢长大……

我才明白，当他面对同学们的鄙夷时，内心多么的惊慌！他渴望友谊，却用错了方法！而我，本应该保护他的班主任，却让他独自面对黑暗！爱孩子，不是让他变成我们想要的模样，而是紧拉着他的手，带他走出痛苦的泥沼，找到成长的方向。

第二天，我与班里孩子做了一个天使约定：多给程程点时间和耐心，对他多一些宽容。我和同学们经常邀他一起野餐，一起打球，一起去参观科技馆……慢慢地，程程也有了改变，他的脸上时常露出天使般的笑容，他进步了！

现在，他早已长大成人，每年教师节都会给我寄来贺卡：感谢老师和同学们，用温暖的爱心拯救了我！

十年的班主任生涯，我一直延续着这份爱，看着一个个孩子由孤立走向合作，由胆怯走向勇敢，由自卑走向自信……我相信：每个孩子都是天使，只是有些天使不小心睡着了！而我的使命就是用一颗真挚的爱心轻声唤醒他们！

生命的温度

宝安区翻身小学 向东华

因为爱，生命有了温度。

——题记

秋分……冬至。云卷云舒，花开花落，一颗云淡风轻的心，渴望听到悠扬悦耳的读书声。可走过教室，依旧是嗡嗡嗡的频率，我的心又一次沉入茫茫大海。为什么自己的辛勤付出换来的是一片死气沉沉的景象。

追根溯源，这个班级因为种种原因这两年更换了几次班主任，孩子们就像一个个冷若冰霜的机器，在背后，面无表情地看着你唱独角戏，却将自己的内心层层包裹起来。而我就像拉着错综复杂的风筝线，剪不断理还乱，掌握不了所有的方向，在原地踌躇徘徊。彼此之间就这样静静地看着，空气凝固，冰冷到零度。我们之间没有了爱的温暖，直到班级发生了这样一件事。

还清晰地记得，这是一节英语课，小怡慌慌张张地跑进办公室，“向老师、向老师，张楠发脾气了、你快去看看……”我头嗡的一下，这可是班级的熊猫宝宝啊，平时不激怒他是一个非常正常的孩子，可一旦生起气来，捶胸顿足，呼吸困难，很难掌控。我赶紧三步并做二步地冲向教室，眼前的一幕令我呆住了，小小个子一步跳上教室围栏，身子向下探着，两眼憋得通红，气喘吁吁，大声叫嚷着“我不要你们管，不要你们管……”英语老师吓哭了，几乎是用哀求的声音，“你下来吧，你快下来，张楠”。孩子们齐刷刷地看向我，“张楠！”我用尽全身力气，叫住了他，“张楠。”我伸出双手，慢慢地靠近他，“张楠，来。”我一把抓住了他，紧紧地抱在怀里。喃喃道“没事，没事”。他慢慢平静下来，英语老师也过来抱着我们，孩子们的眼睛也噙着泪水。那一刻，我们之间有了一米阳光，从冰冷的寒冬走到花香四溢、生机勃勃的春天。随后我邀请科任老师在班级开展了许多活动，孩子们参与策划、组织，这位叫张楠的同学还在六一儿童节表演了小品，惹得全班同学哈哈大笑。

自然之中，有鲜花绰绰，有溪水潺潺，还有奋力拼搏的蜗牛，我想，这就是上帝给我的任务，叫我牵着蜗牛去散步，我不仅闻到花香，感到微风，还看到满天的星斗。他们曾经受过伤，只有爱，才能让一个个鲜活的生命温暖起来！

播种希望，收获成长

宝安区翻身小学　向东华

“老师，我最近吃完午饭从你们教室经过的时候，总发现有一个同学在教室里面逗留。”办公室同事跟我反映。我满是疑惑，哎，怎么会呢，放学的时候要么就是一部分同学直接回家，要么就是去午餐午休，教室里都没有人了呀。这一天我早早地吃过午饭来到办公室等着。想要一探究竟到底是谁在放学之后还回到教室呢？突然一个人影悠悠地从办公室外面飘过去，我一看时间12:15，我轻手轻脚地走到办公室门口，探出头去一看，这个子矮矮的，头发短短的，还有这走路的姿势，不就是我们班的于一一同学吗？我蹑手蹑脚地向教室走去，假装去上厕所。走到教室门口我发现这孩子呀，竟然拿着扫把在扫地呢，我默默地观察他，他从第1组扫到第4组，然后又把同学们摆在桌面上的书本收进了课桌里。我没有打扰他，只是偷偷地拍了一张照片。

下午上课的时候，我走进教室放下书本，环顾了一周，对同学们说，今天我要给大家讲一个关于小雷锋的故事。故事讲完，我告诉同学们，这位小雷锋就是我们班级的一位同学，你们知道是谁在放学后为我们打扫卫生，又是谁把我们的书本收进课桌里吗？同学们纷纷议论起来，谁是我们班的小雷锋呀？我看到于一一同学脸颊绯红，微微地低着头，有点害羞地笑着。谜底揭晓，他就是我们班的于一一同学。同学们齐刷刷地看着于一一同学，响起了雷鸣般的掌声。“于一一同学，老师想要采访你一下，为什么为班级的同学做好事，要等到同学们都走了之后呢？”他挠一挠脑袋，压低着声音说：“老师，有一次班会课的时候，您跟我们讲到在疫情期间您和您的朋友筹集了善款，并购买了一批护目镜，送到了武汉医院。我这么小做不了这样的大事情，但是我觉得我可以为班级做一些小事情，也像您一样做好事不留名。”

我非常的感动，原来自己在不经意间就播撒了爱的种子，感恩的种子，收获了学生生命的成长。一句话、一盏灯、一个故事，就有可能改变人的一生。作为教师，我们不仅要潜心学问，更要关注社会，时时把真善美的种子播撒在孩子们的心间。

我想每位教师都是灵魂的舞者，我们只有通过生活中的点点滴滴，才能与学生一起舞出生命的灵动与睿智，才能听到生命成长拔节的清脆之响！

点化善心，助“泼猴”取得真经

宝安区翻身小学　向东华

孙悟空虽然生性顽劣，大闹天宫，可他得到了唐僧的耐心点化，经历了重重磨难，取得真经。正如班级的每一个孩子都是善良的，有的调皮些，我们也需有唐僧一般的耐心，点亮其向善的心灯，照亮他的人生之路，助他收获成长的真经。

——题记

一、“泼猴”乖张，藏有善心

我们班有个孩子叫小轩，三年级接手的时候，没太发现这个孩子的不一样。突然有一天，她的妈妈在放学的时候，说要找我们班小文算账，他们家孩子被班级的小文欺负，小文经常要小轩给他背书包，买零食给他吃，只要不答应就威胁要揍他。我拦下小轩妈妈，说这件事一定妥善解决。

说到小文，那就是每个班传说中的人物，未闻其身，先闻其名。身材魁梧，嘴巴不说好话，什么让人生气说什么。课堂上讲些与课堂无关的大话，哗众取宠，博得关注。他那乖张无礼的言行时常让老师和同学气恼，宛如一“泼猴！”一说到小文就在学生和老师那里收集了大量的素材。如钟杰老师所说，一个人生了疮，如果这个疮没有养熟，就贸然动手术，病毒是剔除不干净的。于是我写好清单，结合这次小轩的事件，准备和这位风云人物正面交锋一次。

午读的时候，我把小文叫到大厅圆桌，请他坐下来，并给他倒了一杯水。他好像没受过此等待遇，那45度的斜视，突然拉回眼神看着我，露出惊讶之情。站着抖动的腿，停止了摆动，摸着衣角。我说你坐，他不好推辞地坐下，开始有点手足无措。看着他这些举动，我感受到了这个孩子心底的善良。虽是泼猴，可是也藏着一颗向善之心。

二、知错能改，戴上金箍

我本来想要直接罗列他的十几桩英勇事迹时，突然改变了策略。

我故意绕圈子："听说你体育成绩很好，跑步跑得很快！运动会还给班级争得了荣誉。我还发现你能写一手工整的好字啊！正是字如其人，你看上去也是高大英俊。"一顿夸，小文顿时露出了羞涩之情。

"你有什么缺点吗？"我把问题抛给了他。他开始说不爱上课，喜欢顶撞老师，不写作业……

这还有自知之明，为人诚实。

我开始直奔主题："你欺负过小轩吗？"

"有！"他回答得很快，不遮遮掩掩。颇有孙悟空的气势。

"你知道别人妈妈已经找到学校，要找你算账吗？你知道老师和同学们怎么评价你吗？"他低下了头，开始严肃起来。

我打算抓住这次契机，直入他的心底，让他直面别人的评价。阿德勒有一个重要的观点，个体对事物的看法，不是建立客观现实的基础上，而是个体对事实的主观看法。也就是说影响儿童未来之我的，是他对过去之我的看法，只有他自己想清楚了自己的错误，才有可能促使他养成新的行为习惯。

我问他想不想听一听小轩的内心感受，他点点头。我去请了小轩过来。小轩把自己被欺负时的感受说与小文听。听完，小文恭恭敬敬地给小轩鞠了一躬，说了声对不起，并保证以后不会再欺负小轩了。善良的小轩也赶紧说了句没关系。我说："你们握握手，以后就是好兄弟。"

此事传开后，以后在我们班形成了一个不成文的规定，凡是发生矛盾者，到向老师这里都要互相道歉，握手言和。以至于很多事情，他们可以私下处理，一句口头禅，"哎，我们都是好兄弟""哎，这都不是事儿"笑着笑着就过去了。

调皮的“泼猴”不止一个，给他们戴上向善向美的金箍，默念友爱的紧箍咒，引领他们向上而行！

三、斩除心魔，经历九九八十一难

为了在班级营造向善、向上的好风气，也为了给小文搭平台，我在班级文化的系列班会课程里，开发了“海鸥向善系列”，开展了“人非圣贤孰能无过”的班会课，在“说声对不起”环节，小文借机为自己以前伤害过的同学一一道歉。全班在“对不起”“没关系”的语言声中，在互相的拥抱中弥漫着友善、宽容的同学情谊。

更可喜的是小文在活动中找到了接纳自己的小组。我也走到了小轩的面前，和小轩说了句：“对不起，没有及时关注到你的需要。我们握握手，以后有什么困难，和老师说。”他笑靥如花，在我的引导下，同学们也更关心小轩了。师生在活动中感受到了生命拔节的力量感！

说实话，“泼猴”改过，非一朝一夕，保证也是很轻易的，但真正落到实处，落到行动上，就大打折扣。小文加入小组后，小组长对他约法三章，首先要熟悉组规，然后一一照着做。找到同伴，取经的路上不寂寞。

四、携手同行，取得真经

一晃三年的时光过去了，他还调皮吗？调皮。甚至在小组里是几进几出。但是同学们对他的态度却有了180度的转变。

当他的语文考了80分，同学们响起热烈的掌声祝贺他。

当他加入国旗队，想要放弃的时候，班级的同学鼓励他，背后偷偷和大队辅导员求情，再给他一次机会！

当他运动会参加田径比赛时，同学们写广播稿说，他就是4班的骄傲！班级的孩子用自己点点滴滴的温暖，助他斩除心魔，获得成长。同时他也用他的“高深武艺”保护着大家。

当一只飞虫飞进教室，女同学们吓得尖叫时，他说：“不用怕，让我来！”

当我们的班牌手柄断了，他默默地用胶水粘好，问他，他会羞涩地说“小事！”

当教室的门锁坏了，他说：“向老师，先别报修，让我试试！”几经捣鼓，还真行了！

回首，我感觉自己就是唐僧的化身，领着一群“泼猴”，走在互相成就的取经大道上，一路有笑有泪，那一幕幕在眼前闪现，“猴儿们”奋力奔跑刷新了4×100米的校级纪录，和老师一起表演“读书月开幕式”的朗诵，掀起一股学习内卷之风，力争优秀！最重要的是我们收获了向真、向善、向美的真经！这不是谢幕，而是新的开始！

寻找生命成长的“心灵动力”

宝安区翻身小学　金　群

我是教育大军里一名普通的一线教师，从教近十年，似乎到了一个节点，我不再是被家长质疑的初出茅庐之人，十年的班主任生涯历练，让我渐渐明白法国思想家蒙田说的那句话“教育和抚养孩子是人类最重要也是最困难的学问”。

雨晴，2016届毕业学生，她的名字，浪漫而温暖，五年级我接手班级，并认识她。开学第一天，我就叫出了她的名字，让她骄傲不已，她主动帮忙搬作业，找我聊天，如天使一般围绕在我的身旁。六年级了，孩子开始了青春萌芽，随之而来的是各种叛逆躁动。一节语文课，我在台上眉飞色舞，学生似而面不改色，似而低头忙碌，其实为师都明白，他们不是发呆就是玩与课堂无关的东西。没事，我忍，只要你们不过分，“呀！干什么？”这一声尖叫划破了这种看似稳定的课堂局面，是谁？胆儿也忒肥了，我定睛一看，是雨晴。“你想干什么？不知道在上课吗？下课到我办公室！”她立马低下了头，再也没有抬起来，我并没顾及她的反应，在我的威慑之下，那节课顺利地结束了。殊不知，“红暴”将至，下课了，雨晴没有来办公室，她不见了！！没有一个同学知道她去了哪里，校园的各个角落都找遍了，快一个小时了，我的心紧张了，我第一次遇到这种情况，那段时间新闻刚报道了学生跳楼事件，离家出走事件。各种不好的联想占据了我的头脑，我连忙跑到一楼保安室查监控，除了看见她抹着眼泪走出教室后下楼，就再也没发现她的踪迹了，我联系了家长，雨晴没有回家！那她去哪儿了？万一发生什么！！十分钟，雨晴妈妈也赶来，我们满校园地找，重新从五楼女厕所逐一搜寻到了一楼，终于有发现！有一个厕所门始终紧闭，有情况，我屏住呼吸，不敢打草惊蛇，悄悄地趴在地上，透过门缝我发现了一双脚，我断定，是雨晴。雨晴妈妈跟她搭话，听到母亲的声音，她本能地哭出了声，可是她没有开门。这样下去可不行，我轻轻地敲了一下门，自言自语地与她聊了半个小时，说到了我与她的那些事，那些曾经的小美好，终于，她打开了门，看到门口的母亲和老师，她哭得更加大声了，整个身体都在抖动，可怜的孩子，我知道她并不想闹成这样，是不是迷茫的成长阶段少了一份“心灵动力”呢？

那天晚上，我带着满心的疑惑和担忧拨通了雨晴妈妈的电话，深谈了一个小时。挂下电话的那一刻，我明白了，由于弟弟的出生，父母和爷爷奶奶的关注力分给了年幼的弟弟很多，自此她变得敏感、多疑，经常因为一块蛋糕、一句话就与家人矛盾四起。

通过和同学们的问询，我还得知原来任何老师和同学的一句话都可能会触动她敏感的神经，经常弄得同学们也不知道发生了什么状况，得罪于她。小白兔就这样把自己装扮成了刺猬那般不可接近，不容侵犯。亲爱的雨晴，殊不知成长路上的荆棘那般多，像她这样往自己身上扎刺，前路会更加坎坷。

我会开始刻意地放学拉着她的手在操场上散散步，聊一聊班级小八卦，或者说说我们觉得有趣的事情，让雨晴重新认知可以交心的老师。有时，我也会约她到她喜欢的社区公园长椅上，买上一杯奶茶，天南地北地聊天，关于亲情、友情、追星、生命……就像两个老友那样，我惊喜地发现雨晴很喜欢聊天，我聆听着她的诉说，她倾听着我的话语。

记得那一天，班级办美食节，她前一个晚上和妈妈一起做好了一些家乡美食。美食节是下午，在上午阳光大课间时，她拿着一个小盒子来到我办公室，哦！原来她单独做了一份寿司给我，她知道我喜欢吃，还做了好几个口味的给我。多么有心的孩子，我接过餐盒，下意识地拉住了她的手，示意让她坐在我旁边的椅子上，这一次，不是随意闲聊，我微笑着说出来我内心很多真实的想法，以及对她的期待。言语中我用真诚和真情说出了很多以前不敢跟她说的话题。其实当下内心还是有些忐忑的，意想不到的是，雨晴抱住了我，反过来安慰我：“老师，你辛苦了，忍了我这么久，其实我知道自己任性了很久，可就是不想改，内心很矛盾，谢谢您这段时间陪伴我，听我说烦恼，现在我的心里舒服很多了，昨天妈妈帮我一起做美食，弟弟还帮我装盒，我突然发现他们对我很好，原来我这么在乎他们，当然，在学校，我最爱你，老师。”说完，她羞涩一笑。那是我看到的最温暖的笑。

听完雨晴的真心话，我顿时觉得这段时间的陪伴和转化有了意义。为了让雨晴能够继续保持现在的好状态，以及达到转变，解决问题。我在一个午休时间，给她制定了一个爱的约定。把与家人，与同学，与老师，与朋友之间爱的约定，以建议的形式拿给她看，看到这份约定，雨晴没有丝毫的不悦，而是说：“老师，这份约定我会好好收藏。”

往后的日子，温暖阳光的雨晴回来了。又成了我可爱的小尾巴，信任之花开在了彼此心间，有时没等我说出口，一个眼神，她立马会意。清楚记得毕业那天，雨晴一直拉着我的手，没有说话，也没有流泪，我知道，她也舍不得，可是她明白，成长的路上总会有别离，只为去更广阔的天地开垦自己的世界，忍住眼泪，只为爱你的人少一些难过，微笑启程，是为了爱你的人能够放心。她读懂了我写给她的毕业赠言。

班主任，即是守住一间教室，超越分数及纪律，以生命在场的姿态，唤醒、点化和润泽生命；不浮躁，不抱怨，不跟风，不作秀，让每一个鲜活的生命在教室里都开出一朵花。只因生命教育是教育的底色。

我愿人生不如初见

宝安区翻身小学　詹燕苗

纳兰性德有句非常美好的词：人生若只如初见。在2010年8月31日前，我喜欢这句词。但就在那一天，我遇到了刘颖，一个刚入学的一年级小男孩，从那以后我总想，有些时候人生还是不要只如初见那般更好。

作为老师，每到金秋时节，我们都将命定般与一群蓬勃的生灵相遇，并相互陪伴，一起成长，走过一个或数个春秋。分别之后，时间长了，大部分孩子的音容笑貌便在脑海中变得模糊了，那些曾经让我们或激动不已或气愤不已的事情也渐行渐远了。但刘颖，那个黝黑暴躁的小男孩的模样，即使已经相隔七年，在任何时候，都能鲜活地出现在我眼前。

2010年8月31日，一年级新生报到日。在忙碌了一通之后，五十几个孩子都就座了。刘颖，此时我还不认识你。我走到第四组第一桌，拿起了桌上的语文书，“砰”的一声，你的课桌应声倒地，躲避不及的我差点被砸到脚。这便是我们的初见，我便这样认识了你——刘颖，仔细一看，你个头不小，皮肤黝黑，眼睛里装着怒气。时至今日，我仍旧不清楚我为何激怒了你，冒犯了你？让你推倒桌子宣泄。

这以后的两年里，我们有过无数次的“交锋”，伴着你的怒吼与泪水，也伴着我的训斥与拥抱。这期间，我或听闻或目睹了你的幼年生活和现在的家庭生活。两个月大的你被留在河南老家由爷爷奶奶带大，两岁的你被送往寄宿制幼儿园，每每在你暴怒用武力解决问题的时候，我总是不自觉想象那个更小更小的你，那个本应在父母温暖的港湾中成长的小孩，在幼儿园中度过的数百个日夜中是如何一点点学着保护自己学着坚强的。五岁的时候父母将你接到身边，妈妈在我多次的家访中粗话连篇，对你又打又骂；爸爸在你犯错后将你揍得鼻青脸肿……人们常说，光阴似箭，看你，我却总感到度日如年，不知你又如何？

在学校里，大家都尽可能让你感受和煦的阳光，愿你身上开出温和的花，而不是尖锐的刺。渐渐地，你也有心平气和的时候，也有握手言欢的时刻，你在得到陪伴、理解、认同后露出的憨憨的笑，现在仍时常浮现在我眼前。

分别已有五年，原来还会在校园里偶遇，接着我先离开，却也常从旧同事和学生口中听闻你的事情，有喜有悲，听过之后，心中却仍一阵阵疼。现在你也毕业离开了，或许多年之后，我们会重逢吧。每次想起你，我总想，如果当年的我能不问青红皂白地支持你、拥抱你，你是否能更好地融入集体？你的学习生活是否会更明媚一些？你的生活是否能阳光一些？却也仍担心，你会不会更极端，做出更暴力的举动？当年的矛盾，如今仍有。

时光荏苒，我期盼岁月能让你变得沉静温和，理性面对问题，但愿你能与不愉快的童年隔岸相望，然后轻松出发，成为更快乐的自己。

是的，我愿人生不如初见。

送你一朵玫瑰花

宝安区翻身小学　温锦线

我们的小成哥哥，一位天真烂漫的小男孩。叫他哥哥，其实他是班上心智最小的孩子，但这个老师和家长都差点放弃的小孩，却真真切切地给我上了一课——每一个孩子都有机会发光。

刚接手这个班时，上一任班主任就跟我说，有个学生有点难搞。他与那些成天调皮捣蛋的孩子不同，他并不惹是生非，他之所以出名只是因为他的心智幼稚得像个幼儿园的孩子，并且各科成绩都不超过十分。那位班主任告诉我："这个孩子，你就别管他了，也教不了，只要看好他不出事就可以了。"

初次见面，我就留意到了这个可爱的小孩。因为第一节课下课，他就跑到讲台抱住了我。他笑眯眯地说他很喜欢我。试问哪个老师能抵抗这波爱心攻击，我马上在心里告诫自己：不要听别人的片面之词，要热爱自己的每一个学生，小成可以的！

但很快，我就理解了原班主任对他的评价。很多时候，他确实不像个十岁的孩子。他常常听不懂别人说话，很多事情他想做就做，你制止他时，他仿佛完全不理解。比如说，上着课，他突然就站起来要去开风扇；上课铃声响了，他还走廊慢悠悠地转；惹同学生气了也完全不自觉，还是笑眯眯地说话。他也从来不交作业，并且，我发现，他几乎不会写字。更无奈的是，小成几乎每一节课都在睡觉。我找他聊天，教育他要好好学习，他像听不懂一样，笑眯眯跟我说："老师，我就是太困了。"他笑得太纯真了，就像当初抱着我说爱我时一样纯真，以至于我一时之间真是哭笑不得，哑口无言。

第一次语文单元测试，小成得了7分。我想孩子在学习上是有障碍的，要帮助他，还需要得到家长的配合才行。我尝试与家长沟通，但几次交流中，我清楚地感受到家长认为孩子有问题，但是他们没时间管，也并不想管。从孩子胸前总是挂着的钥匙，以及他每天都和初中的姐姐一起吃外卖的日常中，我明白到，想让家长重视孩子的情况可能不现实。而我平时对他的额外辅导，也显得非常没有效果——常常是一节课复习十个词语，最后听写也只能写对一两个字。我开始感到沮丧，甚至觉得，也许我应该放弃的。

我也确实放弃了一段时间。我不再催逼他交作业了，不再留他辅导了，也不在课堂上把他摇醒。他也自在，用自己的方式在班级里过得高高兴兴。他很爱主动找事情做。一下课，他就笑眯眯地上讲台擦黑板；出操的时候，他会最后一个出教室，留下来关灯关风扇；放学的时候总是不会忘记关电脑。有人不舒服了，他会主动关心——哪怕有时过度关心了被同学嫌弃；有同学需帮忙了，他会马上奉献自己的力量——哪怕有时帮倒忙还要被批评。

对于小成的行为，同学们早已习以为常。不知不觉中，大家都把他当成一个特殊的存在，甚至在我管小成的时候，就有同学会说："温老师，你别管他了，他是傻子，听不懂的。"因为小成的行为和学习成绩，个别同学，不愿意跟小成玩，有个别同学还会取笑他，说他傻。有一次，我听到几个学生聊天，说起学习时，自信满满地说："反正我怎么差也比小成好。"这句话刺伤了我，我明白到，如果放弃小成，对他和对整个班级都是一个很大的伤害。

看着小成每天还是忙忙碌碌地想为班级做事情，总是笑容满面地想融入班集体，我总会想，多好的孩子呀，他怎么会不能有进步呢？有一天，他依旧在课堂上睡觉，同桌想叫醒他，不知道怎么回事两个人都生气了，动静有点大。我马上暂停讲课过去处理。那节课不认真的同学很多，我内心很烦躁，我听着他们在互相争吵，想到小成总是在课堂呼呼大睡，气突然不打一处来。我不想再听他们解释，就先非常严厉地批评了小成，我对他大吼："你不想学习你来学校做什么？你为什么不在家里睡？"出乎意料地，小成哭了，他流着眼泪含糊不清地对我喊，气得气喘吁吁的。看到从来都是笑眯眯的孩子这样伤心大哭，我非常后悔，我知道我做错了。下课以后我马上把他带到了办公室，诚恳地跟他道歉，和他聊天，了解原委。小成从不记仇，一下就原谅了我，我便更自责了。我问他想不想学习？他说他想，但是他总是记不住，一看书就头疼。我鼓励他说没关系，能学多少就多少，一点点来，老师相信他是可以有进步的。那一天，小成和我拉勾约定，他要努力！

我决定，要重新抓起小成的学习！不是为了他能进步多少分，而是让他哪怕就多认识一个字就好。他来我办公室读书，我不检查背诵，我只夸他读得好的地方，指正他读错的地方；他来写字，我只让他边抄边记，听写对了一个都是进步。课堂上，我尽可能地让他回答问题，尽管他还是常常答非所问，但只要他答得沾上了边，我都会马上表扬他，给他自信心。

尽力而为就好！这是我对自己和对小成的唯一要求。四年级的最后一次语文考试，他很努力，考了56分。我拿到他的试卷，高兴得不能自已。我马上把他叫到办公室奖励他，鼓励他。然后又给他的妈妈打了电话，他妈妈一听56分，就要跟我道歉。我连忙打断她，告诉她我是要表扬小成的！他进步可太大了！电话里，小成妈妈笑得很开心，大概她也没想到会有这样的事情。我大力地夸赞小成，并且肯定地告诉家长，孩子是能学习的，希望家长可以多陪陪孩子，重视孩子的学习和生活。我能感受到，这个电话是一次转折，家长的态度比原来好了非常多，也表现出了对孩子的期待。

到了五年级，小成每次语文测试都能在50分以上。我记得他的第一次及格，61.5分，那张试卷对小成和我而言是那么可贵。但是班上同学不一定理解这份心情，我担心有人还是会取笑小成，特意把试卷拿到一边。殊不知发试卷的时候，阴差阳错被班里最调皮的孩子拿了下去。当时我真的紧张极了，我心里想，好不容易给小成建立的自信，不会就这样被其他同学打击了吧！没想到，那个孩子一看到试卷成绩，就大喊："小成考了61. 5分！这进步也太大了吧！"嗯，不愧是为师的徒儿！我悬着的心放下来了，并趁机在班级大力表扬小成付出就有收获。是呀，一个孩子的努力，同学们也是能看到的！我想这些肯定不知不觉地也鼓励着小成，让他在我看不到的地方也在坚持。五年级我们课外要求背诵几篇小古文，像这样的额外背诵，我从来没有要求过小成去做。但是检查的时候，他第一个站了起来，一气呵成地把《陋室铭》背得滚瓜烂熟，虽然其他几篇他不好意思地笑笑表示不会，但已经足够让人刮目相看。这一年的期末考试，他的语文考上了70分。

上了六年级，单元测试监考时，我看见小成在认真做试卷，想起两年前呼呼大睡的他，忍不住偷拿出手机拍了一张照片，并在日志上写道：两年前考试只会睡觉的娃，终于能自主写试卷了。

如果可以，我希望看着他毕业，看到他能进步到什么程度。可是，在毕业前最后一学期，他因为父母的工作原因转学了。我的心中充满不舍，每每想起他，那么真诚的笑容，那么真心的信任，总是让我感受到身为教师的快乐。

小成，谢谢你，老师真想再抱抱你，告诉你：你真的很棒！从7分到70分，你也是学弟学妹们的榜样，你是一个优秀的大哥哥！

我记得那一年，你笑着走上讲台递给我一朵自己折的纸玫瑰，你问我："温老师，你知道我是送给谁的吗？"我说："不知道，也许是想送给妈妈吗？"你笑着说："不是，老师看看花朵最下面写了什么？"我仔细一看，歪歪扭扭地写着一个"温"字。

你知道吗？老师也想送你一朵玫瑰花！

让我们的距离近一点

宝安区翻身小学 温锦线

阿康每次做眼操都不认真，他还是值日班长呢，所以今天我严厉地批评了他。

这个宝呢，虽然调皮，但是自尊心特别强，内心较为敏感。平时表现还是不错的，偶尔兴奋起来就总是不想遵守纪律了。如果我对他行为较为温和地劝阻，他会嬉皮笑脸，继续挑战我的底线；一旦我严厉起来，他会紧张，会害怕，也会不服，会堵着一口气犟在那里，不说话，不靠近，不认错。

前段时间，他和同学打闹，不小心踢到同学，导致铅笔戳进了人家手心。在我还没到现场前，他没有道歉，竟然用铅笔戳自己的手，说是这就还了！

我到场处理好伤情，了解原委，调解矛盾并告知家长后，又特意和阿康继续沟通。但他低着头站得离我远远的，一脸壮士赴死的傲气，我伸手拉他，他都不肯靠近来说话，问他也不回答。要不是看他的眼眶微红，我都要怀疑他毫不知错。我看着他，良久，我说："我知道你不是故意的，这只是个意外，因为老师了解你，信任你。本来只是想好好玩耍，结果朋友竟然因为自己受伤了，其他同学又大喊大叫指责你，是不是很愧疚，很害怕？"

他还是没说话，却默默掉下来眼泪。我再伸手拉他，让他靠我近些，这次他没有拒绝了。我接着说："这是意外，老师知道你知错了，也很担心受伤的朋友。别怕，只要你不是故意的，只要你愿意吸取教训，老师会帮助你一起解决这个问题。但是千万不能再做伤害自己来偿还的事了。因为你们都是父母和老师的宝贝，你们谁的身体都一样重要，都是不应该受伤的。我们会有更好的方法来弥补过错的。”

他听着，就哭了，但是我能感受到他离我却更近了。

这以后，我还几次用同样的耐心和方法，处理过他偶尔犯下的小错，尝试和他交心。

这次，他又因为做眼操不认真被我批评了而闹情绪。到了午餐午休时，我就发现他特别异常，不像平时那么贪玩，到处说话。以往他吃饭总是要添四五次，今天只吃了两口就倒掉了，就坐在位置上默默看书，有时看看我，有时看看其他同学。我问他话，他爱答不理地回答一两个字，后来索性不吱声。

这个时候，其实我也是生气的。这次明明是他自己做错了事，老师批评教育是很应该的，哪有他还要生气的道理？我反思是不是我太在乎孩子的感受，反而让他们过于自我。于是，我打算不再纵容，先冷处理。但班级里所有孩子吃完饭都玩得开开心心，只有他明显满怀心事，故作认真看书的样子。我又心软了，孩子的情绪控制还不成熟，正是需要大人引导的时候，我作为老师怎么能跟孩子置气呢？想到这么小的事情，就让小孩情绪大到已经影响吃饭玩耍了，我实在忍不住。

我把他叫到了一边没人的角落准备跟他好好沟通。他还是低着头不说话，身上仿佛就写着“我委屈”“我生气”几个无形的大字。我忍住了脾气，对他说：“老师知道你在想什么，也知道你在闹什么情绪。其实老师也是很生气，想不管你了，但是你是我的学生，老师爱你，看你饭都没吃几口，老师会心疼，所以才要跟你沟通。你是不是还在为老师批评你不好好做眼操而生气难过？”

他还是不肯说话。

“是你就点点头。”

我停下来等他回应，过了一会儿，他点了点头，又开始流眼泪。

我接着又问：“老师批评你，很委屈吗？是觉得我批评你错了吗？如果老师说错了，你就要说出来。你有道理，老师会跟你道歉；如果你确实不对，老师会指正你，让你明白。但你不说话，闹情绪是绝对不能解决问题的！”我帮他擦了擦眼泪，继续说，“这些我是不是都跟你说过很多遍了？”

他点点头。我继续说："那你说，你是为什么闹情绪呢？是觉得老师说错你了？是别有隐情？还是说知道错了，自己也自责愧疚了？"

说到这，他才流着眼泪说对我说，其实他知道是自己不对的，但是被批评了心里就难受。看他哭成了泪人，我早就心软了，我连忙抱了抱他，安抚他的情绪："知道错了以后改正不就好了！你当下难过一会儿，自责一会儿是正常的，但是这个情绪不能留到影响吃饭，这样会影响健康！"

我看着他，我能感受到，这一次他走近我，比以往都要快得多。我见他已经释放了情绪，又开始给他搭台阶："现在好了吗？刚刚是不是就很想跟同学们一起玩了？那你去洗把脸，去玩吧！"

他连忙跑去厕所，洗完脸回到教室，马上跟之前判若两人，开开心心和好朋友玩去了，并且整个下午都表现特别棒。

看着他们快乐玩耍，我想，如果当时不再处理这件事，对我而言，对整个班级而言，可能不见得会有什么严重的后果。但对这个小朋友来说，他的快乐周五，就毁了。一个小朋友的情绪重不重要呢？我认为是非常重要的。当我们教育孩子时，确实很难判断什么样的教育方法才是最合适的，因为不同的孩子个性不同、特点不同。但是不管怎样，都需要老师有足够的耐心、爱心和对孩子的尊重。很多对大人来说不值一提的事情或挫折，对孩子而言就像天一样重。因此我们应该更多地站在孩子的角度看问题，去发现、理解和接受他们的情绪，帮助他们控制情绪。同时，作为老师，面对学生种种状况，我们也要努力控制自己的情绪，给孩子做榜样。当我们这样做了，孩子能感受到老师的用心，产生对老师的信任，自然就能拉近师生之间的距离。这样一来，很多因为学生的不配合而变得棘手的问题，往往很容易就能处理好了。

这世上，只有被温柔对待过的孩子，才能学会温柔地对待别人。我记录下这个故事，用以提醒自己，不要忘记教育的初心，要时常反思自己，多一点耐心多一点爱，和孩子靠得更近一点。

学生不似预期，快乐总会如期

宝安区翻身小学　温锦线

班主任是辛苦的。怎么形容这种辛苦呢？我只能说做老师这九年算是彻底治好了我二十多年的低血压……真的，很建议大家都要来当老师，尤其要做班主任，要不然顺顺利利平平淡淡的人生又有什么乐趣呢？

班主任的苦，主要是来自学生的。不巧，我就一直接到令人头疼的班级，面对一群不似预期的孩子。他们幼稚，他们调皮，他们不爱学习，他们凭实力，为我增添了不少压力。但是，我依然可以在这样每天辛苦忙碌的工作中，尽力保持微笑。以至于，总有同事问我："为什么你带一个这样的班级，还可以每天笑得这么甜？"后来甚至连学生都会问："为什么温老师每天都这么开心？"

其实我一开始也是很崩溃的。刚出来工作的时候，学生不听话，学校活动多，自己的经验不足，每天琐事不断，总加班到夜深。我每天都打电话给妈妈，我说我明天就辞职，哪怕回家种田，也不想受这个气了。但妈妈很冷静，她说："你家没地。"好的妈妈，我明白了，自己选的工作，流着泪也要坚持。

后来，连朋友都劝我，她们说每天看我在社交平台发的状态都很消极，这样会越来越辛苦的，是不是可以转变一下心态呢？我才发现，我已经被工作的不顺完全支配了，不知不觉中，就成了朋友圈中最负能量的存在。自己不快乐，还让身边的人都不快乐，这让我很愧疚，这样的状态，又怎么能教好学生呢？

有一次，一位名师到我们这讲课，她说：教育事业是积德事业，她不

怕教一些特殊的学生，她觉得这是在积福气了。她的话犹如一道惊雷震醒了我，所有工作的烦恼和痛苦马上就释然了，毕竟按这个标准，我们的福气起码积到100岁了。这么想想，我还有什么好不快乐的？

是的，既然选择了做教师，就无法逃避，我觉得是时候要调整心态，学会苦中作乐。教师是教书育人的工作，我们每天和孩子接触得最多。因此我们必须要改变对学生的看法——学生绝不是教师工作辛苦的根源，而是老师快乐的源泉！我们不妨试试降低标准，找到孩子的优点，那么快乐便会如期而至。

自此以后，我便打通了自己的“任督二脉”，不再抱怨，转而去记录孩子的点滴可爱，开始我的快乐教学生涯。

第一：静下心来发现，孩子的可爱无处不在。

比方说，他们的坚持，一年三百六十日都会坚持“气死”你。

事例1：三个孩子逃课，我教育他们，一个说因为老师骂我，罚我可以，骂我绝对不行！！一个说我不喜欢的我就避开！另一个说，有困难就要克服！

我：……

说好的套路？虽然但是，我觉得我要爱上这几个个性宝宝了。

事例2：那些天，我们涛涛三弹塑料盖，一次击中我的膝盖，误伤师长；一次弹出窗户，高空袭物；一次弹上风扇，破坏公物！为师小本本记下了。

第二：他们的创造力，永远出其不意。

事例1：十岁了，在额头画个眼睛，然后屁颠屁颠地跟我说自己是二郎神，玩得不亦乐乎。真的，可不可以把你们的天真烂漫分点给别人，为师快要承受不住了。

事例2：下午写作文，涛涛和威威很悲壮地拿条卫生纸写上“加油”绑在头上，说这样可以文思泉涌。我好心提醒，我们中国人一般不在头上绑白带子，不吉利。威威听了就马上摘下来了，但涛涛依然坚持这是纸巾不是带子！后来想想，他又用蓝笔把纸巾涂成了蓝色。四十分钟后，涛涛作文写完了，威威很羡慕，问他怎么这么快？涛涛骄傲地说，全靠这带子让他充满灵感，简直如有神助！我本来想说他的，但他这造型、这语气实在太可爱，太搞笑了，我没忍住就笑场了。嘿，这阵势，不知道还以为你五年高考三年模拟呢。

第三：他们很友爱，会争吵，会打架，也永远互相帮助。

事例1：明希哥哥和涛这对自称是拜把子的兄弟打架了。因为涛踩了明希哥哥的新鞋，明希哥哥就打了他一拳，然后就这样从嬉闹式的你来我往渐渐事态恶化，打得不可开交。我赶紧冲上去把他们拉开，厉声要求他们停手。停是停了，但两人情绪都没平复，红着脸流着泪互瞪，一副分分钟就要继续打起来的模样。我不敢让他们这样带着情绪出校门，联系了家长，又没办法过来接人，就只能把他们先留下来，想等他们心情平复了再说。涛倒是不一会儿气消了，耷拉着脑袋等我发话。但明希哥哥还一直瞪眼流泪，连我说话都不给一点回应，让他坐下也不肯坐，一直闹脾气。我饭也不吃了，就这样和他们僵持到十二点半，我再次问他，真的不和老师说说怎么回事了吗？他就突然捂着肚子说胃疼，痛哭倒在地上。我知道这个孩子因为家庭原因，一贯容易情绪激动，但发完脾气，他也知道自己不对，也知道老师是会帮助他的。这时候他已经撑不住，我连忙过去扶他，帮他揉肚子，安抚他。他才顺着台阶下，乖乖听我的话，坐在椅子上面。正好帮我买吃的的同事也回来了，就让他们边吃边听我说话。就这样折腾到一点多，双方情绪都稳定了，什么道理都明白了，两人又是好兄弟了。

事例2：午休老师说我班小孩一直在起外号。我很惊讶，就到班上去问："听说你们都在给对方起外号？""是呀是呀！"小孩非常兴奋。"那么，冒昧一问，你们都分别叫什么呢？""我叫温度计！"温姓小可爱如是说。"我是旺仔牛奶！"名里带旺的同学仿佛有点自豪。"我是康缺牙！"阿康笑起来，掉了的门牙还有四颗没长出来！"我叫一条鱼。""我是……"

"所以起了外号你们很快乐吗？""很快乐呀！"嗯，可以的。但先说好，为师可不需要一个外号哦！

事例3：今天课上，小迷糊俊林突然伤心痛哭。我本来想不管他，先把课上完。但他悲伤的大眼睛看着我吧嗒吧嗒流眼泪，实在不能忽视。我问："怎么了？"他支支吾吾也说不清，还是他同桌转述我才懂：妈妈说他再把笔都弄丢就不许回家了。那一刻，我有点无语了，我都看见地板上躺着他可怜的铅笔了。您的大眼睛是用来做什么的呢？我说："地板上不是吗？"不仅我，连同学们都忍不住纷纷站起来从教室各个角落帮他捡起了好几支笔，并给他送到桌面上。各个角落……有铅笔，有彩色笔，还有笔盖……笔的富翁俊林破涕为笑了。那场面，真是众人拾柴火焰高，热血二班，团宠俊林！谁还在乎我课上完没上完呢？

第四：他们很自信，无论如何，气势不会输！

事例1：科学考了66分的涛涛得意扬扬地对考了94分的鸿说："我觉得我考得比你好呀，你看我这数字多吉利！哈哈哈！"呵呵，不愧是我爱徒，乐观、自信！

事例2：今天教拼音，我问他们幼儿园学过没？一个个争先恐后地举手说学过了。我就寻思其他班的都说没学过，而你们都来自一个片区，来来去去都那几所幼儿园，怎么你们又学过呢？后来一教，一问，果然一个个都不！会！读！一共就四个声调，三个搞不清楚！没事，不会为师可以慢慢教，但我劝你们年轻人说话不要飘。

事例3：进击的零零后，都不带让为师省会儿心的对吗？

师："老师今天很不舒服，你们就不能乖一点让老师好好休息一下吗？"

涛："可是你不舒服又不是我害的。"

师："你们再这么没规矩，我就把你们送到一年级去好了！"

轩："啊？那我们考试肯定第一名！"

师："如果不是你们捣乱，谁想留下来，谁不想回家躺着休息？！"

涛："我回家不躺着的，我不喜欢，我喜欢坐着！"

师卒。

第五：他们很天真，总是在挨骂的边缘疯狂试探而不自知。

事例1：我要外出培训几日，要出发了，从学校出来的时候，遇到班上几个男同学正往教室走，他们看见我，没跟我打招呼就匆匆溜走，但眼角眉梢全是喜气洋洋，那笑容简直跟过年了一样。班主任不在就这么高兴吗？我还会回来的！

事例2：中午写字，三行九个词共十八个字，给了二十分钟，其他同学都写完了，已经开始压抑不住说小话了。我们小林子，才写到第三个字。此时此刻，为师心中的焦急和不耐烦已经差不多到底了。但属性为萌的小朋友是不会知道的。他还要浪费时间穿越教室，来到我的面前，指着本子问我：

“老师，你看我这一横是不是写得很好看了？”我能怎么办？只能露出我专业教师的“职业假笑”说：“嗯，很棒哦！你要加油，写快一点啦！”

事例3：小孩上电脑课捣乱，被叫到我办公室教育。我让他面壁思过，良久，我问他反思出了什么？他说：“嗯，站久了腿会疼。”我：“你是不是想把我气死？！”他一脸震惊：“老师，我妈也是这么说的！”我就……

当然，我也不是吃素的，我有一百种办法跟他们斗智斗勇。

事例1：学生总是问我为什么不扎头发？我轻轻抚摸着她的头，语重心长地说：“因为老师的妈妈在老家，没有人帮我扎呀！所以你们一定要好好感恩天天跟妈妈在一起的日子哦！”她感恩地点点头。讲真，我真是特别会瞎掰。

事例2：正所谓学生走得快，一定有古怪！今天考完试往教室赶，几个学生急急忙忙向我走来让我赶紧打开教室门看看！看他们一个个脸上都带着一种满怀期待的狡黠的神态，我心中知有诈，果不其然，等我把门一开，躲门后的学生就突然冲出来吓我！我还能说什么，就象征式地害怕一下啰。

事例3：今天和学生玩游戏，只要他们对我的五个问题都能答非所问，就算他们赢，我就得给他们发棒棒糖。学生都自信满满，脸上都是仿佛糖已经吃到嘴边一样美滋滋的神情。我问：“今天作业是什么？”学生有的说吃了饭，有的说天气真好呀，有的说自己是天下最帅，有的说吧啦吧啦……一个个胡言乱语开心得不行。我也被逗笑了，说：“有多少人能做到答非所问了？”所有人都迫不及待举手说：“我我我。”我笑得更开心了：“好啦，你们全部都输啦！”学生愣住了，等反应过来，一个个都气得嗷嗷叫！哈哈哈，没有人可以轻易得到为师的棒棒糖。

更让人难忘的，是他们暖心的回应！

那天因为打疫苗没有语文课，没有随堂作业可写，又想让他们练练笔，我就给他们布置一篇写话《我的老师》。小孩激动地说：“上周写了妈妈，这周写老师，这是要连着写两位亲人呀！”我笑问：“老师算是亲人吗？”小孩嘴可甜：“老师就是跟妈妈一样的呀！”好吧，为师跟你们和解了。

回忆到这里，我已经乐得不行了。是呀，孩子是可爱的。当我们总抱怨学生这里不足那里不行的时候，我们是没办法好好教育好他们的。但是如果能够明白，他们不过是孩子，把自己也变成孩子，用同心换童心，很多事情就有了不同结果。当我学会去爱学生，学生也会开始爱我；当我收获到学生的爱，我工作的每一天，都是快乐的！

因为深爱，所以放下

宝安区翻身小学　欧阳凌洁

每一个班主任老师都会面临许许多多的班级评比，而在通向评比的大路上，我们殚精竭虑，枕戈待旦，但事与愿违，总有那么一些特殊学生出其不意，让整个班级的努力功亏一篑。每一个班主任也会面对各色各样的特殊家长，在你全心全意为孩子们付出的时候，他们不理解，不支持，甚至恶意诽谤。每当这个时候，我们班主任一定觉得特别无助、懊恼，甚至绝望，对班主任的岗位失去信心。

作为一名老班主任，无数次遇到这样的时刻，年轻一点的时候，我坚信“敢于无中生万有”，相信只要努力奔跑，就会取得好结果，遇到这些困难时，我的内心会饱受煎熬，夜不能寐，需要自我调节很长时间才能放下。随着年纪渐长，渐渐明白只要我们当一天班主任，遇到这些事就是生命的常态，我们在不忘初心的同时，也要学会“将难放怀一放，则万境宽”。

一、放下面子，是技巧更是智慧

每个班主任都想自己所带的班级被表扬，可是总有那么一些调皮的孩子能把所有的努力，一竿子打翻，让我们颜面无存。即使是这样，也不要认为我们所做的都是无用功，比起冰冷的班级积分、无用的面子而言，教育是有温度的，每一份真诚的付出，都会是师生共同成长中的宝贵财富，也许暂时无法结出美妙的果实，但它一定也在积蓄着向上的力量，班主任在处理特殊学生学会放下面子，是解决问题的重要技巧，更是一种大智慧。

按照学校班级积分原则，只要有破坏公物和高空抛物，就得扣光当月积分。我们班的几个调皮鬼，特别是A同学屡教不改，连续几个学期都犯相同的错误，导致班级积分全都被扣光。

一次万圣节到了，外面小店卖一些万圣节火柴，A同学买了一包火柴带到学校，跑到学校厕所和W同学一起玩火柴，班级在学校升国旗时被点名批评，还被扣光了所有班级积分。作为班主任老师，说不生气，那肯定是假的。A同学这段时间其实表现不错，我还特意给他评了校级“向善学子”的荣誉，还没熬到颁奖，就闹这么一出。按照惯例，是要取消A的“向善学习”称号。但考虑到A同学家庭情况比较特殊，在校行为习惯也不太好，好不容易有一点进步，不能因为这一次犯错，就否定他前段时间的努力，在对他进行了批评教育后，我仍然坚持为他颁发这个奖项。A同学是经常犯错的学生，班级因为他在大会上被批评，也不是一次两次的事。如果老师每次因为被点名批评，面子挂不住，回去就把他狠批一通，那他很容易就会“习得性无助”，觉得自己干啥都不行。

我观察A每天都穿的白鞋已经穿成黑鞋，脚指头都露在外面了，天气很冷，这样的鞋怎么能御寒？正好他那天作业没做，我借口让他放学补作业，把他留下来了，作业补完后，他以为我要找家长来一起训斥他，但我带他到校外的小店里，给他买了一双新球鞋，他先是露出震惊的表情，接着穿着鞋高高兴兴地回家了。

A同学是特殊家庭环境，对老师的教育是比较抗拒的，他的故事精彩程度，足以写本小说。正因为我没有揪着他的错误不放，没有因为他连累班级总被批评而大发雷霆，他才渐渐变得积极努力，从不欠作业。虽然他有时还会给班级扣分，但是没有关系，就当那是教育过程中的小插曲吧！

教室就是犯错的地方，学生们还不成熟，犯错很正常。因为犯错，才会有点拨、引导、解惑，才会有对学生巨大的包容、乐观的期待，以及真正的爱护和保护。教育的过程不能刻意求顺、求纯、求完美，在犯错和改错的过程中，教育才是最美的，学生的生命才是最有价值的。教师应放下对自己面子的执着，才能更加纯粹地爱孩子！

二、放下误解，是宽容更是风范

有人说：师者佛心，德不近佛者不可为师。为师者当心怀宽广，宽容本身就是一种拯救，如同花籽，播撒给学生一片爱的光明，有了这片光，才不会漠然，不损毁，不凌弱……

R同学的家长，因为对学校工作有些误解，和R同学家长通话过程中，家长全程不给老师任何说话的机会，劈头盖脸，一顿谩骂，然后就毫不留情地把电话挂了。我只是静静听着，丝毫没有任何生气，默默反思自己的工作做得不好的地方。

过了几天，R同学又在学校犯事了，我想放学去他家家访，但心里犹豫了一下，想想前几天他老爸的讲话态度，我这是要送上门去找骂吗？但最终还是鼓足勇气，带上R同学登门拜访。

到了他家门口，我笑眯眯地，略带调侃地对R同学的家长说：“R爸爸，我刚才让R同学走前面给我壮壮胆。前两天，我被你骂了，好害怕。”R同学爸爸听了，不好意思地笑起来，他为上次打电话态度不好向我诚恳道歉。和他的交流中，我得知：他是一个单亲爸爸，一个人要带几个孩子，还要工作，那天和老师讲话态度不好是因为在外工作不顺利，心情不好。接着我们又聊了孩子在学校的一些问题。家访后，我们可以感受到R同学的表现好了很多，R同学的父亲也对学校的活动积极了很多。

这个案例告诉我们，如果因为有些家长、孩子和老师沟通时态度不好，我们就此放弃，就不再联系了，那误会永远不会解除，孩子的问题就永远得不到解决。只有真正地学会宽容，放下委屈，放下愤怒，放下误解，放下矛盾，面对问题不回避，迎面而上，智慧化解，才是优秀教师的担当与风度。

三、放下执念，是胸襟更是涵养

许多优秀的教师，都有追求完美的执念，眼睛里容不下半点沙子。一切都必须按自己的要求来，有一个人没有按要求，就觉得浑身难受。就如王晓春老师说的那样：“我们流行养成教育的迷信，迫使学生照着做，一遍一遍照着做，千遍万遍地重复，学生习惯又习惯，变成人格的一部分，称之为‘行为的冻结’。可是你能冻结行为，不能冻结思想，不能冻结创造，有的时候，你想让学生按你的来做，他常常不理睬你，不用等你来冻结，他自己先冻上了，可奈何？”

教育并不见得对所有人、在任何时间都有效。我们不可否认，在有些情

况下，无论金刚怒目还是菩萨低眉，不管和风细雨还是当头棒喝，对学生都会不管用。在这种情况下，你只能首先制止他的错误行为，而你是无法让他认识到错误的。

同时“自我成熟”是一种最重要的成长力量。人的成长有两股力量，一股是自我成熟的力量，一个道理，你现在跟他讲，他怎么都不会听进去，但过了或长或短的一段时间后，不需要人家告诉他，他就会自己懂得。就像有点小伤口，不用怎么处理，自然会愈合。一股是引导的力量，来自师长的教育、同伴的提醒。所以，当一个学生违反纪律，当老师几句话的教育就能让他幡然悔悟的真的就很罕见了。学生的认错，往往是从“怕”开始，而不是从“懂”开始的。

面对那些没办法接受我们的教育，达不到班主任的要求的学生，我们要学会放下追求完美的执念，要学会眼里容得下沙子，学生不是装进模子里的人，千万不要以为“我定规矩，你成方圆”，这就是教育。我们给予孩子成长的时空，因为师爱是一种等待，更是一种守候，守候爱心，守候责任，守候师生共同的精神家园，这是教育者应该具有的胸襟与涵养。

因为深爱，所以放下；因为放下，所以深爱。当我们放下面子、放下误解、放下执念、放下评比结果、放下荣誉称号……我们的爱一定无比晶莹、纯粹，因为我们所做的一切只为和孩子、家长共赴一场爱的约会，因为我们所做的一切无关名利，只为对得起历史的检验。

等待，邂逅绿洲一抹彩

宝安区孝德学校 朱约约

“老师，我不知道怎么了，一进到教室就想哭。”我突然紧张起来，在其他孩子充满期待、好奇、兴奋的时候，这个孩子在新的学校到底看到了什么？是什么让她抗拒学校，抗拒教室？她的眼泪真的流了下来，一连好几次，持续了将近一个月，我开始非常担心。

梦菡是一个很刚强的女孩子，不够圆的小脸有点黝黑，能够看得出她有股韧劲，说话的时候总是会把眼皮耷拉下来，盯着鞋子，似乎要把鞋子看穿。刚开始几天，我忽略了，我以为自己做了足够的功课，幼小衔接的一年级确实有个别孩子不适应甚至会哭，但一般持续一周左右。“梦菡，我们先进教室，老师陪着你好吗？”“孩子，老师想跟你做新朋友，你需要我，我随时在。”无论怎么说，我始终都走不进她心灵那片绿洲。接下来我又采取奖励的方式，只要进一次班就奖励小礼物，可是她根本不动心，我开始有点儿不耐烦了。

上课前家长打电话说孩子在校门口怎么都不进去，好不容易哄到进了校门，又在教室外的栏杆处不肯进班，我刚上完一节课几乎要花1—2节课哄孩子进班，进班后她又开始啜泣起来。我绝望了，这个倔强的孩子消磨了家长和老师很多耐心。

半个月后我和副班主任去家访，想进一步了解孩子，通过聊天，家长说孩子之前上幼儿园没有任何异常表现，搬家后，孩子经常说想回原来的地方找原来的小伙伴。后来我又了解到孩子不止换过一个幼儿园，上小学后，他们又搬家了。我恍然大悟，原来，那么小的女孩子，她在不断适应学校、适应班级，而现在要上小学了，孩子没有熟悉的伙伴，没有熟悉的校园和居住环境。原来

梦菡看到教室想哭的原因是面对陌生安静的不适和紧张，频繁的搬家让她没有安全感，她真的害怕。去家访的时候，孩子很活泼，跟我们介绍她引以为豪的两只小仓鼠，当我们和家长继续了解情况时，她又默默安抚自己的小仓鼠。

居住环境和入学环境同时改变的幼小衔接让梦菡无所适从，孩子对新环境的恐惧害怕和没有伙伴的缺失让她极度没有安全感，这才把无助寄托在小仓鼠上。了解到问题的源头，我找到心理老师，针对此种情况提出了帮孩子克服心理恐惧的方法，孩子也提出必须要家长陪读，陪读一个月后，我们又商议逐渐减少次数，以周为单位，每周减少一天，逐渐适应，当然，情况不够乐观，并没有按照我们的预期良性发展，断断续续逐渐适应后又让家长送到班级后离开。后来我让孩子担任讲桌管理员，让她找到被集体需要的感觉，我跟家长沟通带她去找找以前的小伙伴，慢慢我发现，这一系列的措施其实都在促进孩子加快适应新的班集体生活。我去跟孩子聊天，聊她的小仓鼠，“你的小仓鼠昨天吃了什么呀？”“老师，我的仓鼠现在胖乎乎的，跟个小球似的，胖得都走不动路啦。”聊着聊着，孩子眉眼间透露出了信任，虽然没那么快改变，但我相信，等待，终究可以邂逅孩子心灵深处那抹最美的战胜自己的色彩。走进孩子那片绿洲，去播撒阳光和爱的种子，去呵护那颗幼小可爱的心，才能让这片绿洲绿意盎然。我聊她以前的伙伴，聊今天值得骄傲的事情。渐渐地，我确实走进了她的内心，她看到我就会笑，我用行动告诉孩子，老师真的可以当你的朋友，真的。

时间是最好的礼物，三个月过后，孩子逐渐能独立进校进班，愿意和我分享小仓鼠的“喜怒哀乐”，愿意去找同学们交流，并且非常喜欢来学校。她克服了陌生与恐惧，迈过一道坎，越来越自信阳光，相信孩子在将来的道路上适应环境的能力会更强。

静待花开的前提是要去给花浇水施肥，一年级，是播撒耐心与爱心的半亩良田，对孩子来说确实是新的起点。在深圳，像梦菡这样的孩子也不乏少数，可能表现方式不一，需要我们走进孩子心灵，发现问题，施以良策，然后才静待花开。我相信，怀着童心与爱心走进每一片绿洲，才能感受到那一抹抹“生机勃勃”的色彩，邂逅孩子内心勇敢的力量，这是一场双向奔赴的浪漫。忙中有法，绿意盎然，愿每一位一年级的老师都能在“手忙脚乱”中感受到孩子内心深处的一片清凉。

问题学生的心理辅导篇

每一朵花都该拥抱春天，每一个孩子都应有灿烂的笑颜。花朵邂逅春天，成就最美好的遇见，每个孩子都将拥有烂漫的人生花季。作为“园丁”的我们，或能做拨云见日者，给予学生必要的指引和辅导，还花儿的春天一片清明，助力花朵绽放出童年的美与馨香。

小学生偷窃行为的原因及心理辅导策略

宝安区翻身小学　欧阳凌洁

偷窃行为是小学班主任老师在管理班级过程中，遇到的极为棘手的问题。一方面，未成年偷窃行为的学生心理素质极强，有些是不良家庭环境下长期形成的恶习，这类学生一般通过调查、询问是问不出任何东西来的，即使抓到证据，有些人也坚决不承认。另一方面，由于犯错的是未成年人，教师不能通过法律途径解决，而是要站在未成年的角度，用更加科学、艺术的方式达到“治病救人”的目的。

S同学经常被发现有偷窃同学财物的行为，多次被同学举报，也坚决不承认，和S同学家长沟通了解到，他在家里同样有偷盗家长财物的行为，不仅如此，我还接到过外面小店投诉，S同学有在小店里偷零食、玩具的行为。从以上表现来看，S同学是长期存在偷盗行为的一特殊案例。

一、一般资料

S，男，11岁，小学五年级学生，七个兄弟姐妹，体态发育正常，母亲早逝，父亲再婚，父亲与两任妻子共生育七名子女，属于极为特殊的多子女家庭，居住环境与家庭经济状况较差。家族无精神疾病史。

父亲性格暴躁、固执，只要孩子有错即责打，甚至暴打。继母是生意人，对非亲生的S同学比较冷漠、并不关心。S同学在学校能和同学和平相处，热心帮助别人，会买一些零食和礼物和同学分享，争取友谊。言语流利，无幻觉、妄想，无智能障碍，自知力完整。

二、观察与他人反映

同学反映：S同学会故意在放学后，在教室里拖延，趁同学们都走后，S会偷同学钱物，班上时常发生丢失钱物的现象。若不是当场捉到，或证据确凿，该生绝不承认，且说谎时神情淡定，面不改色。S同学上课注意力不集中，学业成绩较差。

父亲反映：S同学在家里也时常有偷父亲的钱的行为，用于小店买零食、玩具，多次暴打后，仍然会发生这种情况。

科任老师反映：这孩子上课注意力不集中，因此对课上的知识掌握不牢，但酷爱阅读，经常上课时间看书，完全不理会老师上课内容。

三、归因、分析与诊断

翻阅大量文献来看，青少年的偷窃行为大多是小偷小摸行为，从法律层面，绝大多数都不构成犯罪，他们的偷窃对象大多都是同学、家人，或是小店的一些钱财、物品等，情节较为轻微。近年有学者根据青少年偷窃事件的性质，将青少年偷窃行为分为冲动型、经济型、反抗型、强迫型、癫痫型、堕落型、集体型、无知型、占有型九大类型。

青少年偷窃行为的产生可追溯其童年时期。童年时期，儿童的心理满足来源于对食物、对玩具、对家庭温暖的需求。儿童时期，儿童对自已喜欢的事物产生占为己有的想法是很正常的。家长多予引导，儿童都会对其行为进行分辨，并对自我进行约束。如果童年时期出现对喜欢的事物占为已有的行为没有引起家长的重视，久而久之则会令其行为因“占为已有不会被责罚”的思维而形成固化，进而导致进入青少年时期，形成偷窃行为或是偷窃成瘾。

除了追溯童年期，青少年偷窃行为还可探究其心理发展程度。青少年对安全的需求包括：安全的生活环境；稳定的物质条件；自信的归属感；较多的关注度。当青少年感觉自身的四个安全需求出现威胁时，他们会产生心理失衡。在心理失衡的状态下，青少年要么自我修复，要么采取“以牙还牙”“睚眦必报”的偏激行为让失衡的心理平衡。这种行为是青少年对其心理失衡现象的错误自我认知。大多数存在偷窃行为的青少年都知道偷窃行为本身是不正确的，但他们会将自己的偷窃行为归于因为自己受到了威胁、受到了伤害，他们之所以偷窃是为了自救。当错误的认知产生，其行为都要为了其错误的认知而去服务，偷窃行为则孕育而生。

综合以上查阅的文献资料以及对S同学长期的追踪辅导，我们可以把S同学的偷窃行为分为两个阶段：

第一个阶段：有目的、有动机地进行偷窃，主要有以下方面动机：

（1）引起父母关注：由于幼年丧母，父亲长期忙于工作，使S同学想通过偷窃等问题行为引起长辈更多关注。

（2）为报复：由于S的父亲教育方式简单粗暴，有错就暴打，缺乏正确的沟通，让孩子反抗的心理强烈。

（3）虚荣心作祟：因为父亲的两任妻子生育七名子女，家庭贫困，没有给孩子多余的零花钱，但学校门口的小店里长期挤满了买东西吃喝玩乐的孩子，内心虚荣心作祟。

（4）为弥补缺失的“爱”：由于继母对他的态度比较冷漠，父亲长期忙生意，无暇关注孩子的成长。他不得不争取友谊来填补他所缺失的“爱”。他和班里一个家庭离异的孩子关系很好，他这次偷钱是为了请这位关系要好的同学吃东西，通过这种方式来获得友谊，获得更多的爱。

第二个阶段：变成了惯性强迫型偷窃行为，已形成偷窃—兴奋快感的心理条件反射。此状态，偷盗已成为一种令他愉悦的心理刺激，成为很难控制的一种病态行为。

四、辅导策略

针对以上归因诊断，我们可以确定S同学出现偷窃行为的主要原因在从小缺爱，亲子关系的不和谐，在冷漠的家庭关系中，出现的行为的偏差，我与S同学的家长共同制定了辅导策略：

1. 家校形成合力

根据调查数据的分析，学生偷窃行为的产生大多数可以归结为不良的家庭关系造成的。在处理本案例时我进行了多次有针对性的家访，注重与学生家长之间的沟通；引导家长重视学生的偷窃行为；引导家长自我反思；构建良好的帮扶关系；形成良性的家校协同；注意和谐家庭关系等。使学生的偷窃行为矫正过程得以全方位保障。

S同学的家长并不是特别容易沟通的家长，很多时候忙于生活，根本懒得理儿子在学校的一些问题，再加上子女众多，根本无暇顾及，但我通过不懈的努力，不厌其烦地和家长沟通，最终家长还是选择配合，形成家校合力。

2. 制定行为的契约

我和S同学制定行为契约，明确指出哪些行为、什么时间完成，对应接受哪些奖惩。在制定行为契约时，我注重循序渐进，不可操之过急，尊重行为改变的发展规律。契约的开始就是行为改变的开始。

如：S同学和老师达成契约，当自己看到别人的东西想偷偷拿走时，就看书，写下自己的读书感受，并约定在一定时间内没有犯，就给予奖励，奖励也以他喜欢的图书为奖品，这项约定充分发挥了他热爱读书，同时也约束了自己的行为。经过一段时间的行为契约，S同学偷盗行为的次数明显减少，而由他撰写的读书笔记，经常张贴在班级的宣传栏，极大地增强了他的自信心，学业成绩也有了很大进步，在期末评奖中，他被评为“进步之星”。

3. 定期谈话法

沟通从心开始，作为班主任老师，对待这种特殊孩子，不能用有色眼镜看人，要在平时的沟通中，学会换位思考，学会共情，让特殊的孩子从辅导老师的谈话中，感受到尊重接纳。青少年学生最主要的需求就是爱与自尊的需求，个体如果接受爱或给予爱，则会产生适度的成功，爱会让个体产生成功的动机和自我价值，在爱与自我价值的交互作用下形成自我认同。

4. 系统脱敏法

这是由交互抑制发展起来的一种心理治疗法。当患者面前出现焦虑和恐惧刺激的同时，施加与焦虑和恐惧相对立的刺激，从而使患者逐渐消除焦虑与恐惧，不再对有害的刺激发生敏感。

在辅导S同学的过程中，我们通过行为的约定，循序渐进，逐渐延长约定时间，实行履行约定，就奖励，最后达到偷盗行为的减少，直至消失，这本身也是一种脱敏治疗。

5. 厌恶治疗法

在辅导的初期，S同学本人是知道偷盗行为是一种错误行为，但由于长期偷盗，已经给自身心理带来了极大影响，一时间很难控制住。我就和孩子约定，手上戴一根小皮筋，当他起心动念时，就用皮筋轻轻弹一下自己的手，逐渐形成对偷盗行为厌恶情绪的条件反射，再通过家庭和学校联手教育，让孩子内心产生对偷盗的厌恶情绪。

五、辅导阶段

辅导阶段	辅导内容
第一阶段	1. S同学个人访谈；2. 与S同学家长访谈；3. 达成家校共育的共识
第二阶段	1. 运用认知法；2. 运用行为契约；3. 运用系统脱敏法；4. 运用厌恶治疗法
第三阶段	持续发挥家校共育的效果并强化行为契约的效果

六、辅导反思

在十六年的班主任工作中，处理过许许多多学生偷盗的行为，这些行为中有些是临时起意，有些是长期养成的坏习惯，但无一例外，都是非常难处理。未成年人群体的特殊性，要求我们教育工作者要更加谨慎小心，既要“治病救人”，又要方法巧妙。一旦用力过猛，可能会给学生造成一生难以挽回的伤害。

1. 共情尊重

辅导老师要与学生共情，对其行为表示接纳，尊重学生的立场，从学生的角度思考问题，千万不可站在道德制高点，一味训斥，心理辅导方法介入时，一定要讲究方法和时机。尊重学生隐私也是非常重要的切入点。所有偷盗学生都知道自己的行为是错误的，内心还是有些不好意思，难为情的。作为班主任兼心理辅导老师，一定要注意场合，不要在办公室里和学生交流，更不能在班级里谈论这件事，多一个人知道自己偷窃的行为，学生都是非常在意的，充分尊重学生隐私，给予学生改正的空间。

2. 家校共育

青少年出现偷窃行为，其家庭状况大多为过分宠溺家庭、单亲或重组家庭、重男轻女家庭、父母行为不良、家庭关系不和谐等。要解决问题，需要将家庭因素考虑入内。

S同学又在校外小店里偷东西，被老板抓住，找到我理论。因为S同学非常害怕其父暴打他，眼神里流露出恐惧。我犹豫了好久，是自己来处理，暂时不告诉家长，让孩子少挨一顿打；还是告诉家长，和家长一起解决呢？最终，我选择告诉家长，因为家长层面对孩子问题的改正起着不可估量的作用。告诉家长情况之后，我反复交代家长不可以打孩子，和家长达成家校协同的共识。只有教师参与的教育如同一条腿行走，只有和家长协同教育才能走得更快、更远！

3. 自我接受

整个辅导的过程重在引导学生能接受责任的观念，使其能从日常生活中采取较佳途径，挖掘自身的潜力，满足自己的需要。明确不能通过偷窃的途径来满足自我需求。

S同学偷盗主要是为了在外给同学请客，来获取友谊，在辅导过程中，我们多次通过认知改变的方法，让孩子明白真正的友谊不是用这些非法得来的钱财来换取的，而是通过自身的兴趣爱好、人格魅力来赢得友谊。

4. 寻根溯源

班主任或辅导老师应该和学生多层次、多角度沟通探讨，找到问题的深层次原因。引导学生讲述自己的成长经历，特别是一些影响深刻的特殊事件，老师要善于甄别各种因素，最终进行归因判断。

青少年偷盗行为的原因和动机是多元的，班主任们要用持久的耐心、恒心、爱心，运用科学的心理学手段，引导学生向健康心灵之路不断迈进，这项工作是复杂艰巨的，需要我们凝聚社会、学校、家庭共同的力量，才能引领孩子走出心灵的困境。

三年级小学生厌学的表现、原因和辅导方法

宝安区官田学校　申　萍

小学三年级的学生独立自主能力增强，敢于尝试做一切事情，但又往往行事不够周到，做事毛毛躁躁。三年级学生的有意注意开始延长，观察力提高，具有强烈的好奇心，自控能力都比较弱，在明辨是非方面和抗压、抗挫折方面也比较欠缺，学习兴趣开始分化，从而产生偏科、厌学等行为。这对于小学生而言，会影响受教育的程度以及学习的能力。因此，家庭、学校、社会应高度重视，形成教育的合力，帮助小学生走出厌学的误区，长大能够成为社会发展有用的人才。

一、三年级小学生厌学的表现

小学三年级学生知识经验扩大，认知能力有所发展观察力提高，具有强烈的好奇心自控能力都比较弱，学习兴趣开始分化，从而产生偏科、厌学等行为。具体表现为：

1. 三年级的学习方式、自主学习的方法更新，学生没有及时调整

三年级是小学阶段的重要阶段及转折阶段，由原来一年级、二年级的教师课堂主导转变成为三年级学生自主学习的方式，课堂上将留20分钟时间给学生自主学习、探究，部分学生毫无目的，导致在自主学习时间无事可做，从而缺乏对学习的兴趣。

2. 三年级的学习内容难度加大，学生不能及时消化

一年级、二年级的学习内容比较简单易懂，部分知识已经在幼儿园阶段涉猎，所以大部分学生都容易掌握，也很容易产生对学习的自信。然而

进入三年级学习，知识点内容增多，难度加大，内容理解、知识运用的范围增大，能及时调整学习方式、掌握学习方法的孩子，很快适应了这个过渡期。然而对于平时不爱阅读的小学生是障碍和挑战，部分学生容易产生偏科、厌学现象。

3. 三年级的学科涉及面广，学生不能理解、掌握

一年级、二年级只学习“语文、数学、英语、音乐、美术、体育、道德与法治”这7门学科知识，但三年级新加入了“科学、信息技术”这两门课程，“信息技术”加入了打字考核，大部分学生都能适应、考核过关。但科学内容比较难，涉及生物、地理、化学、物理基础知识的融合，知识比较难理解、消化，而且科学被纳为学生必考试的科目，对于三年级的学生而言，科学是一堵难以逾越的墙。

4. 三年级的学生具有强烈的好奇心，敢于尝试做一切事情，容易被外界环境影响

部分学生开始迷恋电子产品、抖音刷视频、沉浸在网络世界里，缺少与家长的沟通（容易亲子关系僵化），缺少身体运动（导致身体素质下降），这些都会导致小学生学习成绩的下降。

二、三年级小学生厌学的原因

1. 学生自身的原因

小学三年级是学生形成人格的重要时期，他们没有形成明辨是非的能力。当前的小学生，大多数都是独生子女，在生活上都比较优越，没有较强的吃苦耐劳能力，这就使他们在面对日益增长的学习任务的时候，会很容易产生退缩的心理，不愿意在学习上付出更多的时间和精力，这就会让他们产生厌学的心理。而对于那些本身学习成绩就不是很好的学生来说，学习难度的提高更会打击他们的自信心，时间长了，就会产生厌学的心理。

2. 家庭环境的原因

家庭环境的教育是小学生成长重要的影响因素。部分家庭教育中，家长急功近利，对于学生的成绩十分看重，而对学生的身心发展漠不关心，甚至冷眼相对，导致亲子关系紧张，学生产生厌学心理。部分家庭教育中，家长忙于工作，没有办法抽空关心学生的学习，学生缺乏对学习的信心。部分家庭教育中，家长认为读书无用，还不如早点进入社会，为家庭减轻家庭负担，反正读了书也是要出来社会上生活，还不如早点进入社会，从而打消学生对学习的积极性。部分家庭教育中，家长为单亲，教育和教养方式较为狭窄，容易引起孩子心灵上对爱的缺失，缺乏对学习的自信。

3. 学校生活的原因

学校生活是小学生必经历的，学校营造良好的学习氛围，帮助小学生养成良好的学习习惯，掌握科学的学习方法，培养健全的人格。部分教师的教学，没有根据不同学生的智力发展水平以及心理特征、家庭生长环境等来区分不同学生之间存在的差异，没有对不同的学生制定符合其生理和心理特点的教学内容，因材施教，因此教学效果不明显，从而影响学生对该学科缺乏兴趣，产生偏科、厌学现象。

4. 社会方面的原因

社会是复杂多变、发展飞速的，电子产品迭代更新，吸引了许多小学生的注意，部分学生开始迷恋电子产品、抖音刷视频、沉浸在网络世界里，浏览一些不良网站等，这些移动设备非但不能够帮助学生学习，反而会降低学生的学习热情，进而产生厌学心理。

三、三年级小学生厌学的辅导方法

1. 激发自主学习的动力

“问渠那得清如许？为有源头活水来。”只有激发学生自主的学习动力，才能让学生掌握学习的主动权，对学习产生浓厚兴趣和学习欲望。家长方面，营造和谐的家庭氛围，多关心、鼓励孩子，对于孩子取得的小小进步，及时表扬孩子。学校方面，教师不断地改进自身的教学手段和提升业务修养，不断地提高自身的授课艺术修养，在课堂中能够利用多样化的手段和教学方式，通过活泼的授课手段来提高学生的学习兴趣和学习欲望。社会方面，可以颁布未成年人保护法，杜绝电子产品、不良网站的植入，倡议全社会一起教育、引导孩子，营造良好的学习环境，培养健康的人格，积极向上的人生观和价值观。只有家长、学校、社会三者合力，才能真正激发孩子学习的内在动力。

2. 养成自主学习的习惯

好的学习习惯，能助力孩子更快走向成功。为了帮助三年级孩子养成更好的学习习惯，可以引导孩子制定自主学习计划表，养成预习和复习的习惯、自我检查作业的习惯、课后阅读的习惯、高效利用时间的习惯，家长、老师合力及时监督、鼓励、引导，让孩子学会自我成长，培养自主的学习能力，才能够更好地拓宽自己的知识面，提高学生的综合能力，提升学习的自信。

3. 营造积极学习的氛围

（1）众人拾柴火焰高——成立班级学习小组

教师在班级成立学习小组，意在更好组织开展早读、交流学习、亲子阅读分享等活动，让每个学生轮流当小主播，轮流管理，充分调动每位学生的学习积极性，提升学生的自主管理能力！

教师根据班级情况，按不同层次进行分组，先定好组长（负责任、积极主动的学生），再让学生内部成立微信学习小组。在早读活动中，每个孩子都可以轮流当小主播和管理长。组长每天将情况反馈到“组长交流群”，教师再进行总结点评。

明确了小组分工后，学习小组的成员们各司其职、相互配合，确保每天的学习任务完整、准确、及时地完成。小组合作学习的智慧结晶，犹如一盏明亮的火炬，穿越隔离防线，照耀着课堂，照进孩子的心房。

（2）早莺争树燕衔泥——创新晨读模式

一日之计在于晨，晨读能帮助三年级小学生高效记忆，也能用最美妙的声音开启崭新的一天。为了明确每天晨读的内容，教师根据班级情况，制定每日晨读计划安排表。在晨读小主播的组织带领下，有序开展晨读和亲子阅读。

晨读的小主播们非常积极负责，每天都能提前几分钟在群里用语音和文字发布早读任务，还会学着教师的样子抽查其他同学的诵读情况并做出点评，同学们在小主播的组织下积极朗读背诵，教师隔着屏幕都能感受到每个孩子对待学习的热情和认真。学习小组模式和小干部制的实行，不但将早读和学习交流落到实处，使课堂延伸更高效、有趣，还充分调动孩子学习积极性，提升学生的自主管理能力！

孩子们是那早出的黄莺，争栖向阳的暖树；是那矫健的燕子，为班级的筑巢衔来细小的泥块。

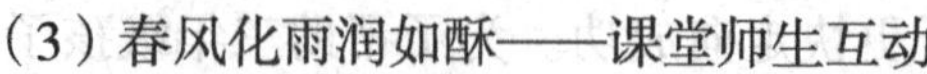

（3）春风化雨润如酥——课堂师生互动

课堂的难点在于课堂互动，如何增加课堂互动、调动学生的主观能动性，是课堂需要重点研究的课题。40分钟的课堂，教师将学习的重点知识进行梳理，结合知识点提问，学生积极踊跃发言，课堂氛围非常好。每天检测几位学生的诵读情况，再进行激励性互动评价。课前精心准备问题，课上师生围绕问题交流互动；课中布置课后听写词语作业，检查生字书写掌握情况；课后也会有适当的课后小结。

通过这样扎实而有趣的互动形式，极大地调动了学生认真听课的热情。重重互动的交汇影响就像春雨入夜润泽大地，芳草茵茵。

（4）丹心热血沃新花——跟进课堂反馈

在学习花园里，教师一直担当着辛勤园丁的角色。书写指导方面，教师贯彻落实“写字养心、翰墨育人”的理念，强调书写要点（包括结构、主笔、压线笔等），待作业提交后全批全改，并有针对性地作细致点评，及时督促孩子订正后再次提交，还将优秀作业分享到班群供同学们学习。

每课生字都给学生上传铅笔字范写，给学生做了很好的示范和引领作用。课堂互动中，教师用亲切可爱又富有童趣的语言点评，拉近了师生间的距离，极大地提高了学生的书写积极性。在日复一日的滋养下，孩子们的字如夏日小荷露出了细嫩的叶角。

（5）春晖明丽促芳芽——奖状表彰鼓励

为了激发学生在家学习及锻炼的兴趣，教师依据学习小组交流学习、学生书面作业、练习视频、故事分享等反馈情况，进行如下奖项评选：优秀小组长、最美小主播、讲演故事小明星、书法小金星、微信打卡明星、自主学习之星等。这些认可、表扬、美丽的小小奖状，极大地调动了学生积极向上的精神。班集体中也有了崇拜之心和榜样力量。同时，这种激励方式也有效减少了家长监督时产生的摩擦及不愉快的冲突。荣誉是永恒的太阳之光，使草芽欣欣向荣。

“谁无暴风劲雨时，守得云开见月明。”三年级小学生，由于身心特点处于变化期，学习成绩也处于起伏期，但愿教师、家长、社会一起合力，为小学学生点亮一盏心灯，持之以恒用心教育、引导，必将拨云见日。

小学生情绪调节能力的影响因素及培养策略研究

宝安区翻身小学　张东霞

学会情绪调节是小学生心理健康的一个重要体现。随着年龄的增长和阅历的丰富，小学生在学习和生活过程中，情绪变得复杂多样，不管在家里还是在学校，小学生情绪失控的情况时有发生，如何教会他们进行情绪调节已经成为小学心理健康教育其中一个重大课题。

一、概念界定

情绪，是人对客观事物的态度体验以及相应的行为反应，一般认为，情绪是以个体愿望和需要为中介的一种心理活动。情绪有积极和消极之分，它能影响人的能力发挥，影响人的身体健康，影响人际交往。

情绪调节，是个体对具有什么样的情绪、情绪什么时候发生、如何进行情绪体验与表达施加影响或进行控制的过程。有效的情绪调节，无论在学习上还是在生活中，都将会对学生产生积极正面的影响。因此，培养学生的情绪调节能力至关重要。

二、培养小学生情绪调节能力的意义

培养情绪调节能力有利于小学生的心理健康。情绪有积极和消极之分。良好的、积极的情绪反应会让人身心放松，保持愉快的心境，将提高人体免疫功能，从而减少患病的机会；反之，消极的情绪是健康的大敌，突然的紧张情绪会抑制大脑皮层的心智活动并破坏大脑皮层的兴奋和抑制平衡，从而使人的意识范围狭窄、判断能力减弱，失去理智和自制力，长此以往，将影响人的身心健康。有调查发现，小学生常见的身体健康问题与他们的消极情绪存在某种意义上的关联。

培养情绪调节能力有助于小学生的调整学习状态。小学生的身体正处在不断成长和变化的过程，他们的潜能开发、学习效率都与情绪密切相关。良好的情绪体验能够促使学生成为善于思考、学习动力较强，学习积极性高，从而大大提升学习效果。相反地，不良的情绪体验，会让学生变得焦虑、不安甚至痛苦难耐，情绪不稳定，容易与他人发生冲突，注意力涣散，缺乏学习的自信心和进取心，将会大大降低学生学习的积极性，降低学习效率，对学习有不利影响。

培养情绪调节能力有助于小学生建立良好的人际关系。能够保持良好情绪状态的学生，往往表现得乐观、积极、热情、自信大方，这些品质正是人与人之间相互吸引的重要条件，往往更受欢迎。反之，常常表现为自卑、情绪失控、冲动易怒、孤僻等消极情绪的人是不受欢迎的，人际关系非常糟糕。由此看来，情绪在很大程度上能够影响人的人际交往。

三、小学生情绪调节存在的问题和影响因素

（一）小学生情绪调节存在的问题

目前小学生心理问题日益增多，其中尤其以情绪问题居多。了解学生的情绪存在的问题有助于培养学生情绪调节能力。

小学生的情绪容易冲动。小学生情感外露，情绪体验强烈，喜怒哀乐常常一触即发，表现出热情奔放的特点，但是由于小学生自我调控能力差，我们经常会遇到有些学生在自己的需求得不到满足时，不顾场合随时出现哭闹、打滚大喊大叫等不合时宜的反应，这种情况在一二年级的学生身上更为常见。

小学生的情绪相当敏感。小学生对新鲜事物充满好奇心和求知欲，对周围环境和各种事物的特点和变化相当敏感，容易接受各种新鲜事物。他们会因为一些很小的事情而发生强烈的情绪变化，这都是因为他们对外部刺激的反应比较敏锐，使得情绪变化比较频繁。在生活中，我们常常看到这样

的情况：学生间往往会因为同学们一句不经意的玩笑话而大动干戈；或者因为一张脚下的纸屑是谁扔的而争论不休……这些都是小学生情绪敏感的外在表现。

小学生的情绪起伏不定。学生的情绪会随着周围的人和事时刻发生着变化，他们可能前一秒钟还在为一块橡皮而与同桌吵得面红耳赤，后一秒钟就会因为老师的一个口误彼此会心一笑。他们同一种情绪状态的持续时间停留得比较短，情绪变化的频率比较快。

小学生的情绪调节能力不高。研究发现，皮质抑制机能是实施情绪调控的生理前提，神经系统的发育直接影响着调控能力的形成和发展。由于小学生的身体正在成长和发育过程中，大脑和神经系统发育并不成熟，因此，小学生在年龄不断增长的过程中能够在一定程度上调控自己的行为和情绪，但有大脑和神经系统发育的局限性，情绪调节能力仍表现为情境性、冲动性和不稳定性，情绪的自我调节能力还比较弱。

（二）小学生情绪调节能力的影响因素

1. 家庭因素

小学生情绪问题的出现与父母的家庭教育方式密切相关，不恰当的家庭教育方式将引起小学生出现各种不良的情绪。专制型的父母在教育孩子过程中常常以包办的态度对待孩子，对孩子的各方面生活横加干涉，以自己的想法代替孩子的意愿，基本不考虑孩子的感受，这种教育方式导致孩子常在遇到问题时会出现焦虑、暴力、反抗、抑郁等不良情绪。溺爱型的教育方式在教育过程中以孩子为中心，对孩子过分溺爱，导致儿童在遇到困难、挫折、失败或者个人需求得不到满足时将难以承受，出现各类情绪。同样地，父母在教育孩子时，教育方式如果过于简单粗暴，那么孩子也会受到父母影响，与同龄人相处过程中情绪容易表现为冲动易怒、脾气暴躁甚至出现暴力倾向。因此，家庭教育方式崇尚正面管教，父母在家庭教育中要致力于营造和谐的家庭氛围，与孩子建立良好的亲子关系，教会孩子科学调控自我情绪。

2. 学校因素

学校是影响小学生情绪调节能力的重要因素。小学生大部分时间是在学校里度过的，学校教育对小学生的影响是最为深远的，所以学校对小学生的情绪调节能力培养也起着至关重要的作用。

（1）学生的情绪调节能力培养有赖于心理教师的关注和辅导。目前为止，虽然学校都设有专职的心理教师，但人数少，无暇应对学生各方面的心理问题，特别是学生的情绪问题，在学生出现情绪问题时，不能及时得到学校心理教师的专业疏导和长期跟踪，学生情绪容易出现更大问题。所以，学校应该加大心理教师的配备，设置关于情绪疏导方面的专业心理课程和讲座，为更多有需要的孩子及时伸出援助之手。

（2）学生情绪调节能力培养有赖于学科教师的关注和重视。出于考试压力，学校普遍重视学科成绩，教师在某种程度上也非常重视学生的学习成绩，在教育过程中特别是学困生面前容易出现情绪管理失控的情况。不仅如此，学校实行大班制教学，班级学生数量较多，教师在教育教学过程中，由于工作任务繁重，事务繁杂，为了方便管理，常常用固定化、制度化的学校规章制度来束缚孩子的言行举止，很少关注学生的情绪表达问题，长此以往，不利于学生情绪调节能力的培养。因此，在教育教学过程中，学科教师不仅要关注成绩和分数，同样要关注学生的情绪表达和心理健康教育。

（3）小学生情绪调节能力的培养有赖于他们良好的人际交往。学校是群体社交场所，小学生在与同伴交往过程中，良好的人际关系有利于学生培养良好的情绪，因为学生在人际交往过程中会与同学进行沟通、交流，在这样的交往过程中，学生的情绪经常表现为愉快、开朗、向上等积极情绪，与此同时，愤怒、悲伤等消极情绪也得到宣泄。一般而言，在学生群体中，经常出现暴躁、冲动、易怒的学生在人际交往上，容易被孤立或忽视。

3. 社会因素

近年来，随着我国经济的不断向前发展，人们生活质量不断提升，网络对于家家户户的影响更为深远，网络对学生的学习和生活都产生深远的影响。学生的学习方式、社交方式都离不开网络，线上学习、空中课堂、微信、抖音等，学生早早地接触网络，有利也有弊。一方面，学生能够快速地获取各方面知识和信息，另一方面，学生又沉迷网络无法自拔。更有甚者，由于小学生年龄小，对事物充满好奇心和求知欲，又缺乏辨别的能力，学生容易受到网络不健康信息的影响，身心健康受到前所未有的威胁和挑战，很多学生因为沉迷网络游戏或者抖音等网络视频的荼毒，情绪容易变得冲动易怒、脾气暴躁，不利于学生情绪调节能力的培养。

4. 自身因素

前边已经提到，学生的大脑和神经系统的发育程度影响学生情绪调节的能力。小学生由于年龄小，身体技能还在不断发育成熟过程中，缺乏辨别能力，面对学习生活中遇到的问题和突发事件，容易受到周围环境的影响，情绪应激反应过于敏感，导致情绪冲动、起伏不定。随着学生年龄的不断增长，身体机能不断发育成熟，心智不断向前发展，学生的情绪调节能力也会不断提升。但这不意味着我们可以对学生的情绪调节放任不管，我们也应该借助一定的方法、通过多种途径教会学生学会情绪调控。

四、小学生情绪调节能力培养的有效策略

情绪不可能完全消灭，但是可以通过一定的策略进行有效疏导、有效管理和有效控制。

（一）家庭：改变家庭教育方式

父母是孩子的第一任教师，家庭是小学生情绪调节能力培养的温床。在家庭教育中，父母要致力于营造良好的家庭氛围，为孩子创造温馨舒适的生活环境，与孩子打成一片，蹲下身子走进孩子的内心与孩子交朋友，平时多多关注孩子的身心健康，特别是孩子遇到问题或者出现不良情绪反应时，家长要学会接纳和理解孩子的情绪表达，通过拥抱或者倾听的形式让孩子的不良情绪得以宣泄。与此同时，家长面对孩子遇到的问题和不良情绪，要及时进行沟通和疏导，维护孩子的身心健康和情绪稳定。

（二）学校：多方渗透，科学引导

学校应该充分利用心理教师的专业性，在全校范围内开设情绪调节课程，由心理教师定期授课；学校也可以利用家长学校、家长会等开设心理教育讲座，提升家庭关于心理健康教育水平。班主任可以在主题班会课中通过专门的情绪调节能力培养的主题来引导学生学会情绪调节的具体方法；在班级文化建设中，班主任可以在教室的某个角落设置一个温馨的“冷静角”，让学生在遇到情绪失控的时候有地方可以进行排解和调节；班主任也要努力在班级中营造良好的学习氛围，建立民主平等的师生关系，努力成为学生的良师益友。学科教师可以通过学科教学内容渗透情绪调节能力培养内容和课程，比如在低年级的语文课程中，教师可以通过师生共读《菲菲生气了》

《生气的亚瑟》《我的情绪小怪兽》等绘本来引导学生正确对待自己的负面情绪以及负面情绪的调节方法。在学校的各项活动中，也可以有意识渗透情绪调节能力的相关知识，比如在心理教育周活动中，可以举行“做情绪的小主人”主题演讲比赛，在活动中培养学生的情绪调节能力。

（三）社会：调动社会资源，寻求社会支持

人是在群体中生活的，任何人不可能孤立于社会成为孤独的存在。小学生生来是模仿高手，人与人之间的相处方式、交流方式、娱乐方式都会暴露在孩子面前，成为他们学习效仿的榜样。因此，培养小学生的情绪调节能力，离不开社会的支持，社区工作站可以利用社区活动在社区进行小学生情绪调节的影响、方法的宣传；社会的公益心理健康教育机构可以对特别需要帮助的学生或家长提供无偿援助服务；公共场所可以进行有效宣传关于情绪调节的有效方法，提倡所有人在公共场所进行适当的情绪调节，做孩子们的榜样。公益图书馆设置情绪调节的图书角，供市民和学生借阅……这些都是有效提升小学生情绪调节能力的策略和方法。

（四）学生自身：习得方法，有效调节

学生在学习生活中，遇到突发状况或问题时，或者自己的需要得不到别人的满足时，要学会通过自我安慰、自我宣泄、注意力转移等方法来不断尝试调节自我的情绪，不断提升自我情绪调节能力。

总而言之，作为教育工作者，我们要重视学生的情绪调节能力的培养，通过各种方法与策略，针对性地指导学生进行情绪调节，做自我情绪的小主人，实现身心健康发展。

浅析小学生情绪调节的策略

宝安区翻身小学　詹燕苗

根据《中小学心理健康教育指导纲要》中规定，当前要增强学生的情绪调节能力，通过对学生进行情绪调节能力的培养，能够使他们拥有一个健康的心理状态，这也有利于他们的学业学习。小学生年纪较小处于校园环境中，通过师生之间的互动，会产生多样化的情感体验，帮助学生建立一个良好的情绪调节能力，使他们能够在面对负面情绪的时候以恰当的方式进行情绪的表达，同时也能帮助他们构建良好的人际关系，不断提高他们的学业水平。因此，在对小学生进行心理健康教育的过程中，教师应该注重对学生的情绪调节能力的培养。

一、小学生的情绪特点

小学生的年纪较小，属于身心发展的重要时期，对事物缺乏正确的认知。因此，要想帮助小学生养成一个良好的自我调节能力，需要教师长期的努力。与高年级的学生相比，低年级学生的情绪更为外露，这主要体现在他们很难适应现阶段的生活，感觉自身受到了束缚，从而使他们产生了一种焦虑感和抑郁的情绪。而高年级的学生对学校的生活已经逐渐适应，他们的认知能力也在逐步提升，因此情绪管理能力得到了进一步的提高，他们能够清晰地认识到过度消极的情绪会给自己造成怎样的后果，在教师的引导下，高年级的学生学会用自己的认知来对自己进行情绪的调节，从而使自己保持一个稳定且愉悦的状态。凡事都具有两面性，随着年龄的增长，很多学生都会学会将自己的情绪隐藏起来，不断提高自身的情绪调节能力。但当学生遇见自身难以克服的障碍的时候，他们还是对自己的情绪过度隐藏的话，这对他们的成长来说极为不利，因此，作为教师要助力学生养成正确的情绪调节能力。

二、小学生常见的负面情绪

学生具有多种负面情绪，主要表现为以下三个方面：第一种负面情绪是愤怒，与高年级的学生相比，低年级的学生更容易受到愤怒情绪的影响。这主要表现在低年级，很多学生会出现打架，因不服教师的管教而产生愤怒感。第二种负面情绪为焦虑，这主要是因为小学生的生活阅历较小，让他们产生焦虑情绪的原因众多，主要表现为学业压力。随着年纪的增长，学生要学习的知识越来越多。而部分学生因为智力发展较快，这就造成他们无法对教师所讲解的知识进行理解，从而使他们与其他学生的差距越来越大，受自身自尊心的影响，他们会产生一定的焦虑感。第三种负面情绪是抑郁，这主要是因为每个学生都是不同的个体，发展具有一定的差异性，部分学生因为家庭变故等一系列原因存在着负能量，但是又长期无法得到排遣，这就导致他们形成了一种孤立、自闭的性格。当前抑郁症在我国极为常见，相关的研究显示，超过40%的中小学生都有一定的抑郁症状。因此，为了帮助学生更好地成长，教师应该加强对学生消极心理的干预，并采用多样化的方式对学生的负面情绪进行调节，使他们能够更加健康地成长。

三、加强对小学生情绪管理指导的重要意义

（一）促进学生的学习

当学生存在负面情绪的时候，他们会对学习产生一定的厌恶情绪，对教师讲课十分排斥，这极大地降低了教师的教学效果。要想小学生能够更加有效地学习，必须使他们能够建立起积极的情绪，在积极情绪的推动下，使学生们能够感受到学习的乐趣，提高他们的学习效率。

（二）能够帮助学生建立良好的人际关系

在人际交往的过程中，当他人发泄不良情绪的时候，会被误认为是不成熟的表现，通过有效的情绪管理，使学生能够在对自己情绪表达的时候更好地去考虑他人。如果学生的情绪管理不当，那么他们很难与他人建立起良好

的人际关系，甚至还会产生一系列的过激行为。

（三）能够提高学生的社会适应能力

通过积极情绪的引导，能够使学生增加社会支持，也能够使他们更好地应对实际生活中的突发事件，增加解决问题的灵活性，帮助他们更好地适应社会。

四、影响小学生情绪调节的主要因素

要想更好地对学生进行情绪的条件，那么首先教师要对学生影响学生情绪调节的因素进行分析，只有这样，才能更好地发挥对学生进行情绪调节的作用。

（一）人格特质与气质方面

每个人都有不同的人格特质，因此，他们对事物的看法也不尽相同。当学生的性格比较外向的时候，他们的内心比较豁达，在生活之中很难受到负面情绪的影响。当学生较为敏感的时候，他们会受到周边事物的影响，这使他们很容易产生一定的负面情绪。每个学生的情绪调节能力不同，当学生的情绪调节能力比较强的时候，他们能够很快从自身的负面情绪走出来，反之亦然。其次，在面对同一负面情绪的时候，由于每个学生的人格特性不相同，他们应付方法也存在着一定的差异。当前小学生情绪调节的方式主要分为积极作为和消极不作为这两种类型。当学生的性格活泼的时候，他们在面对消极情绪的时候，往往会采取积极作为进行情绪的调节，主动去思考问题。但是当学生较为敏感的时候，他们常常会选择消极不作为这一方式进行自我情绪的调节。

（二）认知水平

学生的年纪较小，缺乏丰富的社会经验，导致他们的认知水平有限。当生活中出现问题的时候，很多学生不知道如何去解决，这就使他们选择了不同的方式来应对问题，造成了情绪调节方面的差异性。随着年龄的增长，学生的认知水平得到了一定的提高。在对情绪调节的时候，他们也会选择不同的方式。例如小学生逐渐意识到采用消极的方式去回避问题，那么无法使问题得到解决，因此他们会逐渐选择积极的方式进行情绪的调节。

五、培养小学生形成情绪调节能力的相关建议

要想让学生能够更好地进行情绪管理，首先要使学生能够意识到可以有众多的方式来进行情绪的释放。当学生哭泣的时候，很多家长或教师会打动他们，这种处理方式是不恰当的，会造成学生情绪的压抑。

（一）合理地表达情绪

1. 哭泣

研究表明，当人存在负面情绪的时候，通过哭泣能够使负面情绪得到释放，这使哭泣拥有了一种治愈的功能，随着眼泪的流淌，他们能够将自身积累出来的负面情绪排出体外，从而使他们心理和生理上达到平衡。很多人在哭泣后会感到轻松，这就是一个最为直接的证明。

2. 倾诉

在面对负面情绪的时候，学生可以选择自己信任的朋友或教师进行倾诉，这能够使他们获得一定的精神支持，从而进行自我价值的寻找。

3. 写作

对于性格内向的人来说，他们不愿意与他人表露心迹，或者无法找到合适的对象进行倾诉。对于这样的学生，教师可以引导他们可以通过写信或写日记的方式对自身的压力进行排解，从而使他们能够走出痛苦。在家庭中，可以借助书信的方式进行交流。这能够使沟通方式更加理性，避免在情绪不当的时候出口伤人，激化矛盾。特别是在家人冷战期间，通过写作能够达到较好的效果。日记具有一定的私密性，在遣词造句的时候不必对其自斟。学生只要对自己的真实声音进行表达，可写纸条更具有随意性。当情绪爆发的时候，学生可以写下自身情绪的感受，可以附上自己想象的殴打，随后自己再读一遍，将纸条撕碎扔入垃圾桶，通过这种方式，能够使学生的坏情绪释放出来。例如小颖是一名留守儿童，父母外出打工，跟祖辈生活，幼儿园就读寄宿学校。大班后来父母身边，父母使用棍棒教育。在与父母发生冲突以后，小颖出于内向便用书信的方式向父母表达了自身的想法，借助这样的一个过程，小颖的家长明白了小颖的感受，使亲子关系得到缓解，同时也使小颖情绪不再那么暴躁。

4. 敢于说“不”

对于一个健康的人格来说，在人际交往之中也要勇敢地说不，这可以避免学生陷入消极的情绪。金金，男，6岁，父母离异，宠溺，没有规则意识，没有界限感。日常生活中金金违反规则、突破界限后没有意识到，抵触师长的批评教育，对同学、老师不满，认为大家针对他。例如金金会乱拿小美的橡皮，在这样的情况下，小美要勇敢地向金金说不，从而使金金能够意识到东西的私密性，这也能够帮助金金树立一定的规则意识。

（二）接纳自己的情绪

每个人都是不完美的，作为学生要对自己的情绪进行接纳，当很伤心的时候，可以将“我很伤心”换为“我正在伤心”。当我有个想法“我好笨呀”时，可以将其换为“我真笨”。当学生对自身的成绩不满意的时候，老师可以让学生想象一下，在实现目标以后会发生哪些不同，从而使学生能够发现隐藏在成绩背后真正的情感需求。

1. 数数法

在学生紧张或愤怒的情况下，要保持理智，不要冲动，这时候学生可以缓慢地停下动作，采用数数法进行望闻问切。在日常的生活中学生可以进行有意识的练习，从而使它成为自身的一种习惯。例如：怡怡，女，8岁，小学前主要由奶奶和其他亲人养育，家中成员复杂，父母在外地工作，周末回家，生活习惯、学习习惯、阅读习惯等都没有得到良好的引导、培养。在游戏的时候活泼好动，甚至各种恶作剧，与同学关系不佳，朋友不多，经常生闷气。对于这样的学生，教师要加强对她的引导，当怡怡存在负面情绪的时候，教师可以让怡怡自行等待十秒，从而对自己的情绪进行接纳和解，这有利于良好人际关系的构建。

2. 深呼吸放松法

通过“蝴蝶拍”等一系列心理稳定技术的应用，可以使学生的心情得到平复，例如有的学生过于内向，在上舞台的时候，面对黑压压的人群，他们会有一定的恐惧感，这时候教师可以引导他们运用深呼吸放松法，使他们变得不那么紧张。这能够更好地使他们对自身的情绪进行调节。

（三）改变自身的调节方式

借助隐忍、转移等积累的方式，能够帮助学生解决部分情绪问题，但是这些方式最终只是治标不治本，只能使学生短暂地缓解自身的情绪，却无法解决学生内在的心理问题。很多人错误地认为理性情绪疗法。解决情绪困扰的一种心理治疗方法。很多人都会认为外物事件是引发自身情绪波动的直接原因，但是两者没有直接的联系。我们对事物的看法才是情绪产生的源头，只有学生具有正确的信念的时候，才能使他们建立起积极的情绪。例如：婷婷，女，6岁，成长背景：家中幼女，父母、兄长、祖辈都宠爱，在母亲工作的幼儿园就读，上小学前一直备受关注。但是在最近的几次数学考试中，婷婷的成绩不理想，这使她产生了一定的失落感。婷婷说："肯定是因为我太笨了，所以数学成绩才不好"，这时候教师可以对她说："和上次相比，你已经有进步了，你并不差"，婷婷接着说："和其他的成绩相比，我可能没那么差，处于中等的地位"，教师可以接着说："那么按你自己所说，和其他学生相比，你的成绩不差，那么你怎会说出你太笨这种话？这是前后矛盾的"，婷婷说："是因为我考虑得不周到，夸大了自己没有考好的原因"，教师可以接着引导："对了，这正是因为你夸大了自己的原因，所以才给予自己消极的认识，从而给自己带来情绪困扰。"人在面对情绪的时候，主要有两种方式来应对，一种是以情绪为中心进行应对，另一种是以问题为中心进行应对。因此，要改变学生的认知，使学生以情绪为中心转化为以问题为中心，进行自我情绪的调节，这能够帮助学生改变不合理的信念，使他们获得积极的情绪。

六、结语

综上，通过对学生进行情绪调节能力的培养，能够使他们树立起积极的心态来应对问题，帮助使他们形成健康的心理，从而使他们能够更好地成长。

小学生考试焦虑原因及解决策略探析

宝安区翻身小学 汤 咏

众所周知，学习是每个人赖以生存和谋求发展的手段，考试是检验学生学习质量的重要方法。考试具有检测、选拔、竞争等功能，小学生入学以来需要接触到多种形式的考试。考试焦虑是指个体在考试期间，由于多方面的压力，以及学科自身特点的影响，所产生的畏惧、紧张、焦躁等一系列的负面情绪。国内外许多研究发现：过度或持久的考试焦虑，不仅会影响到学生在考试中的正常发挥，还会导致学生各种心理问题的产生，以至影响学生的健康发展，影响学校的教育质量。因此开展对考试焦虑的研究，不仅是教学工作的需要，也是增进学生身心健康的一项内容，对培养高素质的人才具有十分重要的意义。

一、引起小学生考试焦虑的原因

1. 小学生特殊的心理发展水平

事实上，小学生心理发展的特点是无法正确评价自己，往往因受周围环境的影响而认识自己。也就是说，他们在平时的学习生活中经常会按照周围人对自己的评价来认识自己。因此，面对考试，他们往往会怀疑自己，动摇自信心。在我国，分数是家长和老师判断学生好坏的重要标准。一些小学生将考试成绩视为获得家长和老师奖励以及学生表扬和钦佩的工具。当考试成绩不理想时，学生会担忧父母、老师和同学看不起自己，也会感到焦虑。

2. 学科知识难度超出学生的能力范围

考试是对学生知识能力的测试。如果学生能够获得和运用所学科目的知

识和技能，他们将能够应对考试过程中的轻松、自信和焦虑，焦虑水平相对较低。反之，如果学生对所学学科知识不熟练，或者对相关原理和概念理解不足，应用不熟练，则学生对考试缺乏信心或理解，容易产生较高水平的考试焦虑。目前，我国小学生的课程内容具有明显的可扩展性特点，部分考试内容的选择和安排远远超过学生身心发展水平，所以学生在考试中很容易紧张或焦虑。

3. 考场不利因素及突发事件的干扰

学生考试时会面临试题设置不当、考场环境不合适、考试过程中出现紧急情况等状况。如果试题难度过大，不符合学生在考试时的身心发展特点，那么，学生在考试过程中就容易产生焦虑情绪，影响正常的成绩水平。考试需要高度的专注力，所以在考试过程中需要一个合适的环境。如考试环境嘈杂混乱，光线不好或通风不良，或者学生不熟悉考场环境、找不到座位或厕所等，都不能营造良好的考试环境。另外，监考人员增加了考生的焦虑，例如在监考期间对学生进行非常严格的问答或者聊天。

4. 同伴关系的负作用影响

班级同伴因素也是造成考试焦虑的主要原因之一。如果学生在整个班级中都有考试焦虑，就会出现学生之间相互影响的现象，从而导致更多学生有考试焦虑，对考试的焦虑程度会增加。在小学课堂上，大多考生都专注于考试成绩，因此他们在考试前会紧张并相互交流。正因为如此，学生之间的紧张情绪可以相互传递，让更多的学生遇到焦虑的问题。考试结束后，小学生会分享他们的分数，这会增加他们对考试的焦虑。不仅如此，如果小学生不喜欢考试科目的老师，他们会与其他学生交流，这些负面情绪会在考场上继续蔓延。如果不能有效地处理这个问题，将对课堂执行产生负面影响，不利于教师的教学活动，破坏其他学生学习考试的热情。

二、考试焦虑相关理论概述

1. 维果茨基的社会理论

维果茨基情绪理论认为，情绪和人格是由后天环境造成的。这为研究学生的考试焦虑提供了具体的理论基础和方向。维果茨基的情绪理论和皮亚杰的情绪理论对考试焦虑进行分析，情绪焦虑是由后天环境引起的。换言之，学生的考试焦虑不是与生俱来的，而是后天习得的，一般在课堂或考试中形成。

2. 阿诺德“情绪的评定——兴奋学说”

阿诺德（M.Arnold）提出了著名的“情绪的评定——兴奋学说”，认为客观刺激本身并不是一种特定的情绪刺激，它可以是一种只有通过个体的认知评价才能唤起特定情绪的刺激。考试焦虑也是如此，个人认知评估在控制和调节考试焦虑方面发挥着重要作用。当考生认为测试是一种无法克服的苦难时，会产生强烈的焦虑反应。但是，具有良好认知评估能力的人可以运用理性思维正确分析各种情况，有效控制情绪，顺利通过考试。

三、应对小学生考试焦虑的解决策略

1. 引导小学生树立正确考试观

教师需要教会小学生正确理解考试，培养学生良好的认知方式，提高学生正确分析问题的能力。考试结果用于测试知识，而不是作为奖励或获得认可的手段。考试不及格时不要沮丧和害羞，而是要找出没有参加好考试的原因，从而明确今后的研究方向，更好地掌握学科知识，迎接下一次考试。此外，教师需要指导学生将学习行为视为他们的内在动机。这样，无论考后成绩如何，都不会因外界的表扬或批评而影响学生的学习。

教师应鼓励学生改变传统的考试观念。例如，在日常教育中，传授小学生在考试中学习解决问题的技巧和方法。如果小学生在考试中遇到难点，他必须继续跳过这个难点并回答其他问题。这种方法不会造成时间的浪费，也保证了卷面的整洁性和思路的清晰性。只有这样，考试成绩才会有显著的提高，增强学生的信心，有效缓解考试焦虑。久而久之，小学生就能形成正确的考试心态，轻松面对各种考试，有效消除考试焦虑。在这些前提下，小学生不应该受到考试焦虑的负面影响，应该确保最终成绩的理想形式，形成良性循环。在不让老师和家长失望的前提下，小学生才能对良好的学习习惯和考试充满信心。

2. 辅助小学生进行正确归因训练与反馈

小学生往往将学习活动的成功转化为自身能力、努力等可控因素和内在原因，从而进一步提高学习动机水平，改善学习行为，有助于学习活动的成

功。反之，学业自我效能感低的学生往往将自己的失败归因于运气不好或者身体状况不好等外在因素，没有从根本上找到自己失误的原因。在平时作业完成后，老师应该严格要求学生检查，指导学生对自己的成功与失败进行内外因的分析，给学生相关的建议。

例如，当面对小学生考试焦虑时，教师可以与小学生面对面交流和交谈，鼓励小学生表达内心想法，教师针对具体问题分析，可以明确小学生考试焦虑或者考试失误的原因。如果事实证明小学生有智力因素，教师必须能够适当地发展他们的智力，培养自信心。如果由于课程设计、教师问题、家长问题等客观因素的影响而变得明显，教师需要优化和调整他们的目标。通过调整小学生考试焦虑的程度，体现教师的作用和价值，可以加强教师的作用，减少小学生的考试焦虑。

3. 培养小学生积极乐观的学业态度

学业自我效能感高的小学生在面对新的学习环境和可能遇到的困难时，不太可能感到沮丧、焦虑或害怕。他们倾向于想象自己的成功场景，并专注于出现的挑战。反之，学业自我效能感低的小学生在面对未来学业挑战时，往往会想象自己的不足、无能，以及相应的失败情景，造成潜在的困难，可能被夸大了。抑郁、焦虑、恐惧等程度会分散注意力，甚至无法调动和应对现有的知识、经验和技能，对后续的学习活动产生不利影响，甚至导致现实的失败。因此，教师需要在日常教育中提高学生的自信心、自尊、自我接纳和自我意识。

4. 教师要转变传统的对学生的评价方式

加德纳的多元智能理论指出，我们的智能是多元的。因此，对学生的评估不应局限于传统的考试成绩，而应包括对学生除学业成绩之外的其他方面的评估。教师可以制作学生成长记录袋，学生成长记录袋的评价强调收集一系列的表现、作品、其他相关记录，以及学生学习成绩或持续进步数据，并据此进行评价。学生成长记录袋可以让教师对学生的评价更加客观全面，让学生清楚地了解自己的进步，客观正确地认识自己，增加学生的自信心。在评估中，学生应该对教师进行评估，以便教师在日常课程中发现自己的不足，以便在后续课程中优化教学计划。

5. 考试内容的选编要符合学生身心发展的特点

学校考试经常出现这种情况，考题往往难以区分学生的学习水平，有的题量太大，有的甚至超出了学生的知识范围。非常容易使学生在考场中感到恐慌、紧张和困惑。由于小学考试主要是考查基础知识的熟练程度，所以小学考试的试题应根据学生的身心特点，准备适当的难度和题量。不要设置超出学生学习能力范围的数值来区分学生。在通识教育中，要求教师对新学到的知识实时设置适当、合理的练习，精心挑选作业，照顾不同层次的学生。此外，教师教授的知识应该是基础知识。对特定的学习和遗忘方法进行即时回顾和整合。教师可以帮助学生整理自己的错题本，分析整理错题，在平时的学习中轻松熟练掌握知识，在考场中自由应用，轻松应对考试，缓解考生的考试焦虑。

6. 考试环境要适宜，控制考场上的突发事件

考试期间，应为考生提供安静、通风良好、光线充足、空气清新的环境。监考老师必须警惕他们的行为对学生考试的不利影响，并且必须为学生提供各种服务，尤其是低段考试时，由于学生识字量不多，监考老师要为学生读题，待大多考试生做完题后，再做下一题。监考老师需要“眼观六路，耳听八方”，为未答完题的孩子提供帮助，使考生能够很快适应考场环境。如考场发生紧急情况，监考人员必须及时、妥善处理紧急情况，以减少紧急情况对考试的影响。

7. 心理学干预手段

专业的心理辅导帮助在考试焦虑中挣扎的考生敞开心扉，探索自我，锻炼主观能动性，建立自信，从发展的角度看待自己，减少焦虑。团体辅导也是一种有效的辅导方法，发挥小组智慧，通过讲座或游戏的形式，考生可以分享他们对考试情境的看法，让学生从不同的角度学习和积累如何参加考试，学会积极化自我暗示，采用系统化的脱敏训练、音乐疗法等方法，通过接受自己和了解考试的本来面目来增加自信和缓解焦虑。

以爱为帆，乘沟通之风，抵达学生心灵

——学生厌学的表现、原因和辅导方法

宝安区翻身小学 温锦线

厌学是指学生消极对待学习活动的行为反应模式，主要表现为学生对学习认识存在偏差，情感上消极地对待学习，行为上主动远离学习。厌学作为一种心理状态，在某种程度上是所有学生都共同潜在的问题。一旦造成厌学的客观条件发生作用，学生的主观意志又不足以克服，厌学便会在行动中表现出来。

近年来，在家庭、社会和学校环境中各种不良因素的影响下，学生群体中的厌学情绪有所增长。学习是学生认识世界的基本途径，而贪玩又是他们的天性，当贪玩的快乐被学习的痛苦阻碍时，在不满和辛苦的状态下学习，久而久之就会产生厌学情绪。作为老师要改变学生的厌学情绪，首先要弄清产生厌学情绪的缘由，然后才能对症下药，让他们重拾学习的快乐。本文将以二年级学生丽丽（化名）的案例为例子，探讨学生厌学的表现、原因和辅导方法。

一、学生厌学的表现

厌学的孩子，一开始大多表现为不喜欢学习，不认真听讲，不想写作业，对跟学习有关的事情感到烦躁、痛苦，继而便开始不写作业，不听课，甚至不来学校上学。

丽丽原本是个性格开朗、聪明、独立、敏感，心思较多，很有自己想法的孩子；平时学习成绩优秀，爱读书，表达能力较强。在学校很爱讲话，有

时上课也爱说小话；和同学相处愉快，有一些好朋友。和老师关系也较好，中午帮老师维持午休纪律，也乐于帮老师做一些力所能及的事情，比如布置板报等；和老师聊天，总会讲得眉飞色舞，滔滔不绝。

但从二年级下学期的后半学期开始，她就出现厌学情绪，整天在家里表示不想写作业，为什么要写作业呀，真不想来学校。家长对此并没有重视，认为这是孩子的一般情绪，很正常，就没有跟老师反馈。期中考试过后的周三上午，丽丽早上起来有感冒症状，低烧，家长向班主任请假，并按学校要求，退烧后48小时再返校。但孩子病情好转且退烧48小时以后，还是不愿返校。2021年5月18日周二上午，班主任发现孩子没来上学，通知家长。家长回家查看，发现孩子早上强烈要求自己上学，但出门后却先到小区溜达，等家长都出门上班后再返回家中。家长与班主任沟通过后，决定当天在家与孩子沟通，并约定第二天一定会送孩子到校。但第二天上午，孩子还是没有来。联系家长后发现，早上家长没送孩子，所以过后孩子又自己回到家中。家长一开始不想管，打算就这样让孩子留在家里。经过班主任的沟通和劝导，家长从公司请假赶回家中，并把孩子送到门口。其间，孩子一路上都磨磨蹭蹭，不愿走动，到了校门口更是一动不动。班主任得知后出校门接，孩子见到老师，虽然不情愿，还是牵着老师的手进校门了。

2021年5月26日早上，丽丽没到学校。家长说是今天爸爸送，孩子闹情绪不肯出门，爸爸搞不定。经多方商量和考虑，班主任老师到孩子家里帮忙劝导。一开始孩子把房门锁上不出来，经老师劝导后打开了门，和老师闲聊了一些事情，孩子对老师敞开了心扉，后来老师顺势就帮她开始梳头，收拾东西，牵着带来学校了。但到了二楼孩子不愿进教室，只能先带到办公室，经过一会儿心理建设再带着一起进教室。

2021年5月27日早上8点10分，做早操的时候，丽丽和母亲在校门口，没进来。心理老师出去把孩子牵进来，让孩子把书包放在一楼大圆柱下，去做操。做完操，孩子没跟班级队伍回教室，而是折返拿书包。后面上课时班主任发现孩子不在教室，就到处找，在一（1）班边上厕所也反复找了几次，并没人应答。查监控，发现孩子背着书包进了一（1）班边上厕所。心理老师去敲厕所门，里面并无应答。老师说："丽丽，我知道你在里面，把门打开。"过了一会孩子就开门了，并且跟老师回教室上课。

2021年5月28日上午10点30分，丽丽母亲把她送进校门，看着孩子上楼。十分钟后班主任跟心理老师说孩子还没到教室，请心理老师去找。心理老师到二楼教室旁边厕所喊孩子名字，孩子应答了，说在上厕所，老师就在门口等。等了一阵孩子还没出来，老师再次催促，孩子出来了。老师带孩子进了教室。进教室前孩子放慢脚步，有点不情愿，老师站在门边跟她示意进去，她才磨蹭着进去了。

接下来几天，孩子都是如此，有厌学情绪，早上不肯到学校，需要家长从家里劝到校门口，再由老师带进校园。一开始进校园会表现较为激动，生气，哭泣。一般很快就能平复下来，情绪稳定后能回到班级上课。开始上课后，她在班级里表现正常，课堂上、课间和同学老师相处良好，心情愉快。

二、学生厌学的原因

学生厌学的原因是多种可能的。一般来说可以分为内在原因和外在原因。在内在层面来看，学生自身的思想压力和精神负担、对学习缺乏兴趣、意志力薄弱、耐挫力差等都是厌学的成因。从外在层面来看，家庭教育、学校教育以及社会导向等的不良影响也能诱发学生的厌学心理。

在丽丽的案例中，通过和孩子本人、她身边的好友、孩子的父母进行沟通和了解，我们发现孩子厌学的主要原因还是在家庭因素。

在和孩子的沟通中得知，她在学校有好朋友，喜欢老师，也愿意上课，但是在家中过得不快乐。丽丽的父母是孩子的主要抚养人，丽丽从小跟在父母身边长大，家中有一位哥哥读高中，住宿，不常在家，兄妹感情一般。在和孩子父母的沟通中，父母的教育观念不太相同。父亲会比较顺着孩子的意思，以哄为主，对孩子的陪伴比较多，经常来参加学校的活动，也经常接孩子放学；母亲相对严厉一点，对孩子要求严格一点，但是工作忙很少陪孩子。父亲表示小时候对孩子打骂的情况比较多，打得比较厉害，但小学以后就很少了，尽量尊重孩子的意思，以沟通为主。但孩子表示家里的成员她都不喜欢，如果一定要说，相对比较喜欢爸爸。

通过深入沟通，我们还了解到哥哥在初中时，由于叛逆期，跟父母对抗，有两年轻度抑郁，没有去上学，这个事情对孩子产生了一定的影响。在这件事中，妈妈觉得女儿出生时，没有处理好哥哥的情绪；哥哥出事以后，又把重心放在哥哥身上，有点忽视了女儿的想法。父母对孩子的教育观点不同，夫妻互不理解，以及对两个孩子的教育差异，都对家庭整体氛围产生了很多的影响，让丽丽在家里感受不到爱，变得容易情绪化和任性。在这个基础上，只要一提及学习，父母和哥哥都对她要求严格，甚至会打骂，导致天性贪玩的丽丽更觉得学习和作业让她变得更不快乐，厌学的情绪就越来越重。

三、针对学生厌学的辅导方法

厌学的问题应该是早发现早解决，防患于未然的。但由于家长前期的不重视，导致问题渐渐严重。解铃还须系铃人，要帮助孩子解决厌学情绪问题，就需要从原因出发，制定辅导方案。

1. 沟通、走近学生内心

面对学生的厌学情绪，首先就得通过适时的沟通，及时了解孩子的内心想法。

班主任通过跟孩子聊天谈心，得知孩子的感受：1. 孩子自己也说不清不想来学校的原因，她喜欢同学，喜欢老师，就是不想来学校；2. 孩子不想写作业，但不是因为不会写、写不了，事实上，现阶段的学习难度和力度在她的能力范围内，对她而言还是比较轻松的；3. 孩子不喜欢家里人，在家里不开心，她认为没有人听她说话；4. 有睡眠问题，晚上睡不着觉。

针对孩子的感受，班主任也相机进行辅导：首先，接受和理解孩子的想法，共情她的难过之处，并提供帮助；其次，联系重视孩子的身体和心理情况，关心孩子情绪；再者，劝慰孩子积极面对自己的情绪。通过辅导，让孩子明白老师对她的关心和爱护，得到了孩子的信任，再慢慢引导孩子明白学校和家庭的情绪要学着分开，遇到问题可以寻求老师的帮助。告诉孩子义务教育阶段，孩子来学校上学既是权利也是义务，逃避学习不能解决她目前的痛苦。鼓励孩子她是个有能力有想法的学生，面对困难要学会迎难而上。同时，我们通过学习可以对自己产生很多良性的影响，从而获得更多的快乐。

在班主任对孩子的辅导中，孩子明显能感受到老师的关爱，变得信任老师。有几次跟老师承诺过后，第二天能自主进校园，并且主动跟老师打招呼示意。

此外，为了让丽丽有更高的返校意愿，班主任通过调整座位，让她和好朋友成为同桌。丽丽非常高兴，上学的积极性有一点提高。

通过建立良好的师生关系，以及利用师生情、同学情来作为教育的润滑剂，可以更好地化解学生厌学心理。学生喜欢老师和同学，往往也会将这种情感迁移到学习中来，也能重拾一定的学习动力。

2. 联系家长，排除孩子身体疾病问题

由于学生反馈身体不适，有失眠问题，所以首先要排除身体疾病对孩子的影响。经过跟家长的沟通和建议，家长带孩子进行了全面体检，检查结果显示孩子生理上是健康的，失眠原因更多是由于情绪问题。家长又带孩子到中医院开药调理身体，同时父母晚上轮流观察孩子睡眠情况，帮助孩子解决睡眠问题。

3. 心理老师介入，定期心理辅导

在和学生和家长沟通中，我们发现学生的情绪波动大，常常表示不开心，抗拒上学的情况也越发严重，甚至偶尔还会出现到了学校还会躲起来的情况，于是我们及时联系了心理老师对孩子进行定期心理辅导。

经学校心理老师和孩子沟通发现，孩子有睡眠不好，情绪低落，无缘无故感到疲乏的情况，建议家长转介相关专业医疗机构做进一步诊断，并尽快提供诊断报告给学校，以便学校根据诊断报告，对学生做出后续合理的心理咨询辅导安排。

后续辅导中，心理老师通过心理咨询、沙盘等方法，不断了解孩子的真实想法，并适时引导，对孩子产生了良好的影响。孩子非常喜欢心理老师，并且很愿意到学校心理咨询室去玩耍，和老师聊天，情绪变得较为稳定。

4. 多方会谈、做好家长工作

因为孩子厌学的表现强烈，班主任、心理老师、德育处两位主任一起与家长进行会谈，跟家长当面反馈孩子近来的异常行为。在与家长就孩子的问题沟通中，发现父母不但教育观念不一致，且不认同对方的看法，夫妻矛盾较为明显。在家里，有时当着孩子的面，父母也会争吵，家庭氛围较差。对孩子的心理问题不是很重视，甚至觉得孩子说有睡眠问题只是找借口。这段时间以来的表现也是在试探父母。父亲认为，从前对孩子管教过严，现在孩子试探父母是不是真的会改，所以想遵从孩子的意愿，先让孩子请假在家。

针对这些问题，学校劝导丽丽的父母夫妻之间应该积极修复关系，要尊重对方的教育权；父母也应该要肯承认不足，肯改正不足，并且要统一教育观念，对孩子上心。同时，我们也针对孩子的情况给家长提出建议：

（1）认清孩子的状况。

（2）修复家庭关系，勇于表达爱。

（3）建议去权威机构解决家庭矛盾，解开心结。

此外也跟家长明确要求：

（1）孩子上下学一定要家长接送。

（2）孩子身体问题要看医生。

（3）如果需要请假也要按要求履行请假程序。

家长认可老师们的建议和方法，表示会努力去做到。

5. 定期跟踪，及时干预

经过一段时间的辅导，丽丽在学期末终于正常回到学校上课。但是厌学问题容易反复，特别是由于家庭矛盾导致的厌学，如果家庭关系没有改变，孩子很难坚持下来。所以更需要老师长时间的关注，对学生的情况定期跟踪，如发现苗头就要及时干预，防患于未然。

总之，学生厌学并非个例，其中既有共性也有个性。为了预防和“治疗”学生的厌学心理，班主任需要联系心理老师、学校德育处、家长等多方力量，做很多工作。针对学生厌学的不同表现、不同原因，应该制定相应的辅导方案，以爱为帆，乘沟通之风，抵达学生心灵，使学生得到更多的鼓励、关爱，让他们感受到温暖、友善，从而得到追求美好人生的动力。

小学生厌学心理辅导策略研究

宝安区翻身小学　黄婷婷

厌学问题由来已久，国内外学者对学生厌学问题从众多角度展开了一系列的调研，并提出了很多建议和措施。然而，厌学并没有消弭，仍是令教师头疼、家长无奈的教育棘手问题。基于现代学习本质观，结合小学生教育状况过程中的实际观察，了解到学生自我效能感低下，教师教学偏离人本化，家长教养缺乏科学性是厌学众多影响因素中关键性、本质性因素。因此，这种“以人为本”，仅关注教育中“人”的聚焦性研究视角对提升教师、家长、学生应对厌学问题的有效性和可操作性具有十分重要的现实意义和理论价值。

一、厌学的概念界定

厌学问题由来已久，虽然学者们对厌学的研究和关注比较早，成果也相当丰硕，但是并没有形成确定的厌学概念。因此，到目前为止学术界也没有统一的厌学定义（因为每个学生的厌学表现和状态都有所不同，要想进一步认识还需要搜集大量的数据和资料）。总的来说，这些定义大致可分为以下两类：

一类是从心理状态层面界定厌学，认为厌学是一种情绪和心理状态。例如：我国《教育大辞典》，将厌学界定为：厌倦、厌烦学习，指学习者对待学习的一种消极心理状态。从这个意义上说，厌学是一种对学习厌烦的心理状态。

另一类是从行为模式层面界定厌学，认为厌学是一种不良行为反应。有学者认为“所谓厌学，即讨厌学习，或不愿意主动学习，对学习毫无兴趣，视学习为负担，把学习当作一件痛苦的事情，不能从事正常的学习活动，严重的会导致逃学或旷课，甚至辍学，这是一种消极对待学习活动的行为反应模式”。

二、学生厌学行为的表现

从微观角度来看，学生厌学的表现形式是多种多样。主要表现为以下四方面：

（一）学习认知偏差

具有厌学倾向的学生在学习观念上，对学习的重要性、趣味性以及自身的学习效能缺少正确的认识，把学习当成一种跟风或强制性的行为，认为自己没有能力学好。有些学生有“我是为爸爸妈妈而学”的错误认知，这种不良观念使学生时刻处于消极被动的学习状态，严重阻碍着学生学习动机的生成，不利于孩子的自主学习。另外，还有一部分学生缺乏求知欲，根本无从谈及学习动机，一直处于老师逼、家长管的强压下，是为了避免责罚才学习的，不是出于纯粹的学习目的，在他们身上找不到纯良的学习动机。此外，更有相当多的学生，总是为自己的懒惰编造理由，觉得自己“智力、能力有限，学也学不会”“不是学习的料，一点也不适合学习”，借以远离学习，其实他们从内心深处就不想花时间、下功夫学习，因此，就算老师倾尽全力地教导，家长煞费苦心地劝育，也不能扭转他们心中作怪的思想，依然理直气壮地逃避学习，延续着不学的现状。

（二）学习动机不足

具有厌学倾向的学生往往认为自己学习是为父母而学，被动地混日子，不经监管不能主动学习，没有学习的积极性和学习的动力。学生没有掌握学习方法，就会产生学习动机不足，不会学习，只会在他人的“教”中，亦步亦趋地学，找不到适合自己的学习方法，找不到学习的窍门，那么身心俱疲则是必然结果，严重者将自暴自弃，厌恶、放弃学习。

（三）学习情绪负面、消极

具有厌学倾向的学生对待需要意志努力的学习活动时，如日复一日的课堂听讲、课后作业，三天一小考、五天一大考的反复性测试等，会萌生出痛苦、无所谓、无能为力等消极情绪。

具有学习情绪负面、消极厌学倾向的学生在教育场域中，总是处于不利地位，缺乏教育者的关注与鼓励，因此很少获得成功的积极体验，这极易导致其在学业上萌生习得性无助感。习得性无助感，指由于连续的失败体验而导致个体产生的对行为结果感到无力控制、无能为力的心理状态。学习习得性无助，指学生在学业上遭遇反复失败和挫折后，对学业失去信心，感到无所适从、前景无望，进而远离、逃避、厌烦学习的无力感。

（四）学习行为被动、抗拒

具有厌学倾向的学生在学习行为上通常表现为排斥学习过程，如上课三心二意，小动作不停，不能认真听课；不参与甚至回避课堂活动；精神萎靡不振，无精打采；课后应付作业或抄袭甚至不写作业，极个别学生出现迟到早退的情况。

三、学生厌学的原因分析

（一）自我期许缺失

期望，是人们在对外界信息不断反映的经验基础之上，对自己或他人行为结果的某种预测性认知，因而它既是一种认知变量，又是信念价值的动机。学生自我期望会影响其学习动机的激发、学习努力的程度，进而直接影响学生的学习心态以及学习行为。学生若每天都对自己充满期许，那么心灵就会充满阳光，学习潜能就会在积极心态的启发下一点一滴地发挥出来，学习自然也会变成一件快乐的事。反之，学生若对自己毫无期许，就会看不到前进的方向，也就没了学习的动力，必然陷入一种无所事事的游离状态，感到迷茫和颓废，看不到学习的意义，找不到学习的乐趣。

（二）学习动机匮乏

“学习动机”是指对学习活动有启动、定向和维持功能的学习心理倾向或内部动力。依据心理学者的观点，“动机是个体的内在过程，行为是这种内在过程的结果”。那么，一个人是否愿意学习以及学习的积极性、主动性、刻苦性等则都与学习动机有关。可见，学生的厌学问题在很大程度上，其实就是学生的学习动机问题。

学习动机作为促进学习活动顺利进行的动力机制，既影响学习过程又影响学习效果。试想，当学生缺乏学习动机、学习动机不明确或错误，怎么可能有动力促使自我行为自觉主动地朝向并保持在一定的学习活动上呢？只是在外界的压迫下勉强学习，心理上缺乏自我学习的需求，也发觉不到学习的乐趣，时间久了，学生就会形成一种惰性心理，丧失坚持、努力、探索知识的韧性。其结果就是，一旦受到其他事物干扰或在学习上遇到困难，很容易便对学习产生厌烦，萌发放弃的念头。

（三）自我挫败感高

挫败感来源于自己经历的失败和批评，当付出努力，觉得自己可以取得很好成绩或预设目标，结果却不尽如人意，就会觉得伤自尊，感到羞耻、失望和沮丧，并出现挫败的感觉。处于儿童期的学生身心发展尚不成熟，情绪调节以及抗挫折能力较差，在付出努力却得不到回报的屡屡受挫中，学生极易丧失学习信心，产生习得性无助，并陷入自我怀疑、自我攻击和自我贬低里难以自拔。长此以往，就会卷入“成绩不理想—改变现状受挫—排斥厌恶学习”的恶行循环中。

（四）自我控制力差

自我控制是心灵中的理性对情绪、情感、欲望、要求或本能的控制，用以控制自己的偏好和短暂的冲动，作为一种认知过程，发挥着调节自我情绪、思想和行为的知性功能，是一个人完成各项任务，实现特定目标的必要条件，也是人取得成功的重要关键。学习作为一种需要极大意志力的活动，离不开强大的自我控制力。一旦自我控制力缺失或不足，学生就极易迷失于各种诱惑中，忘却甚至丢弃自己作为学生的责任和使命，将学习抛掷脑后，贪图玩乐，不思学习，直至放弃学习。

四、学生厌学问题解决策略的构建

（一）激发学习动机

毫不夸张地说，就学生学习而言，学习动机的培育丝毫不亚于甚至远超于学习策略的传授。当下，学生普遍存在学习动机缺失或不强问题，如上课无精打采、考试临时抱佛脚、写作业三心二意等。因此，教育工作的首要任务之一就是激发和培养学生的学习动机。

为此，教育者应积极采取各种有效方式去激发学生良好的学习动机。

首先，放下权威身份，摒弃偏颇思维，走进学生世界，了解观察并仔细分析每一位学生的实际情况，因材施教地设计动态性目标机制，引领、鼓励学生凭借自身努力一一实现阶段性目标，让学生在看得到学习成效、感受得到学习喜悦的过程中爱上学习、享受学习。其次，帮助学生树立正确的能力观、成败观，引导学生正确对待学习中的各种问题。学生学习力和抗压力相对较弱，经常遇到困难和挫折会诱发心理烦恼，进而否定自我。各方教育者需耐心开导，促使学生明白失败不是能力不足这个单一因素促成的，而是众多因素交互作用的结果，遭遇失败并不可怕或可耻，只要有自我反思的能力和重新出发的勇气，任何人都可以成功。

（二）唤醒学习潜能

解决厌学问题的有效手段，就是让学生积极乐学，以乐观进取的心态激活快乐学习的感觉，进而把学习视为轻松愉悦的事，而非沉重的负担。积极学习以积极心理学理念为指导，关注唤醒个体积极力量、发掘潜能和开发优势。积极学习依存于学生学习的自觉主动性，取决于学习任务能否激发孩子潜能、唤醒孩子智慧以及学习结果能否给学生带来满足感、成就感。

为此，教育者应帮助学生树立积极的学业成败归因，促使学生积极解释自身的成与败。班杜拉自我效能感理论认为，个体对成败的归因风格直接影响学习效能的形成，积极归因能有效增强自我效能。积极归因就是将学习失败归因于“努力”这种自我可调控的因素，而不是归为“任务”“运气”等自己无法改变的因素。学生学会积极的归因方式有助于他们认清自身的优缺点，客观评价自己，有助于他们准确把握学习，找准努力的方向。

（三）培养良好习惯

学生身心发育不成熟，各种能力都不强，但并不是说他们不存在自觉自律性，学生是有意识的主体，是拥有能动性的对象，随着年龄的增长，年级的增高，心智的发育，他们自觉遵循着由被动接受知识到主动探索知识的身心发展历程。同样，习惯的培养也遵循着这样的程序，各个阶段的心理特征不同，被动阶段——遵从，主动阶段——认同，自动阶段——内化。在这个过程中，各方教育者的有效引导与调动是极为重要的，而且要特别关注两个转化，即被动转化为主动，主动转化为自动。也就是说外部的要求和影响是他律，只有他律被学生所接受内化，并转化为其道德自律时，良好学习习惯才能始成。

为此，教育者理应高度重视并及时引导进行学生自觉自律性的转化，促使学生养成良好的学习习惯。首先，要循序渐进，逐步发展。良好的学习习惯不是一朝一夕养成的，它是点点滴滴的“累加物”。所以我们应在遵从学生的年龄特点，考虑学生的能力大小的基础上，结合现实需求，有针对性地提出明确具体、切实可行的要求，促使学生良好的学习习惯由低级发展为高级，由不稳定发展成稳定。如从低级的课堂认真听讲、按时按质完成作业一步步升级到高级的独立阅读、勤于思考、勇于创新等习惯。

其次，要严格要求，密切配合。良好习惯的养成，依赖于日复一日的反复践行，学生好动、贪玩，自控力差，良好习惯不易形成却又容易消散。因此，家校之间应密切配合，步调一致，从细节抓起，将良好的学习习惯融入于学生生活的方方面面，同时在反复实践和强化训练中细心指导、认真检查和严格督促。最后，要树立典范，启发自觉。学生的学习习惯是在日常生活中，观察、模仿他人良好行为并加以强化下形成的，充分利用“名人效应”和“乡土教材”，尽可能多地树立一些现实生活中的榜样，使学生在潜移默化、润物无声中受到感染和启发，从而自觉培养良好的学习习惯。

（四）掌握学习方法

最有价值的知识是关于方法的知识，方法是解决问题的门路和程序，方法可以引导人们沿着正确的途径去认识世界和改造世界。在学习中，学生能否熟练掌握学习方法，并有效运用学习方法，是其能否主动参与学习活动的一个显著外在表现。当学生真正地掌握学习方法并能主动在日常学习活动中运用，就意味着逐渐形成了自我导向的学习能力。教师及家长在教育孩子时，一方面要将学习方法渗透于教育的全过程，借助教材等示范学习策略，并发散学生思维，促使学生举一反三、触类旁通；另一方面要提供独立实践机会，鼓励学生自觉运用所学方法，解决问题，发展能力。教育者要格外注意指导学生掌握提高学习效率的方法。如学习前尝试自列提纲，明确要完成的内容以及要用的时间，学习中随时反思自我，随时掌握自己的学习动态，学习后，进行自我评价，及时修正不良方面，做到有的放矢，自然能够事半功倍。

五、结论

众多资料表明，厌学是中学生诸多学习心理障碍中最为普遍、最具危险的问题。学习是一个长期的、连续性的动态过程，如果孩子在学生阶段就出现厌学情绪与行为，就会严重阻碍学生以后学习能力的发展，这不利于孩子未来的成长。因此，笔者借此机会，认真调研了学生的厌学现状及原因，希望通过自己的理论思考和实践探索，为解决学生的厌学问题提供绵薄之力。

学生说谎的表现、原因和辅导方法

宝安区翻身小学 金 群

心理学家皮亚在儿童的道德评价中认为，10岁前是儿童撒谎的转折点，撒谎在10岁以前经常表现为随意地猜测、想象、开玩笑。在社会不断更替变化的当今社会，儿童的撒谎年龄转折点似乎也在一点一点往低龄化行走。学生说谎的严重，无疑与日渐严重的学业压力和社会家庭压力有关，如若任由其长期发展下去，将会对学生的身心健康带来严重危害，一旦形成说谎成癖，会导致畸形的病态人格。作为一名教育工作者，发现谎言，识别谎言，分析其说谎原因，并根据个体差异帮助学生纠正说谎的错误行为很重要，这是培养身心健康学生的关键一点。现浅谈“学生说谎的表现、原因和辅导方法”。

分析之前，我们来回顾一个家喻户晓的故事《狼来了》：从前，有个放羊娃，每天都去山上放羊。一天，他觉得十分无聊，就想了个捉弄大家寻开心的主意。他向着山下正在种田的农夫们大声喊：“狼来了！狼来了！救命啊！”农夫们听到喊声急忙拿着锄头和镰刀往山上跑，他们边跑边喊：“不要怕，孩子，我们来帮你打恶狼！”农夫们气喘吁吁地赶到山上一看，连狼的影子也没有！放羊娃哈哈大笑：“真有意思，你们上当了！”农夫们生气地走了。第二天，放羊娃故伎重演，善良的农夫们又冲上来帮他打狼，可还是没有见到狼的影子。放羊娃笑得直不起腰：“哈哈！你们又上当了！哈哈！”大伙儿对放羊娃一而再再而三地说谎十分生气，从此再也不相信他的话了。过了几天，狼真的来了，一下子闯进了羊群。放羊娃害怕极了，拼命地向农夫们喊：“狼来了！狼来了！快救命呀！狼真的来了！”农夫们听到

他的喊声，以为他又在说谎，大家都不理睬他，没有人去帮他，结果放羊娃的许多羊都被狼咬死了。

这个寓言故事告诉我们说谎是一种不好的行为，它既不尊重别人，也会失去别人对自己的信任。我们应该培养诚恳待人的良好品质。寓言告诉大家做人应诚实，不以通过说谎来达到自己的目的。更不能以说谎去愚弄他人。生存希望，身处逆境临危不惧，心中就会充满阳光。

故事的道理很浅显，学生却常常因为各种原因犯下说谎的错误。《说谎心理学》书中说到：个体说谎时有较高的认知负荷，常常体验到恐惧、内疚或得意的情绪，并会刻意地控制自己的外在行为表现。以说谎的方式为标准，谎言可分为直接的谎言、夸张的谎言和不易察觉的谎言三类。

美国加州大学圣巴巴拉分校著名的心理学家贝拉·M. 德保罗（Bella M. DePaulo）等总结了16项有关阐述性动作的研究，发现人们在说谎时阐述性动作会减少。适应性动作是为了满足自我或身体的某些需要，例如将手放在胸口以平复情绪。

一、学生说谎的表现方式分类

日常生活中，学生说谎的表现，一般情况下有以下几种方式分类：

第一种：低年段和高年段的学生表现出来无意识说谎和有意说谎。

第二种：个体说谎和群体说谎。

第三种：说谎内容差异上的隐瞒式说谎和伪造式说谎。

具体表现我将用实际生活中遇到的个例阐释。

第一种：例如刚入校的一年级小朋友小明，由于认知能力和语言发展不成熟，不知道谎言是什么，会说一些大人听不懂的话，和小朋友交谈中，他有时也会说大话，这种说谎一般与孩子的品德优劣关系不大。孩子们互相比较自己的爸爸能吃多少饭，小明说大话，说爸爸能吃100碗，另外孩子有的还说1000碗，诸如此类为无意说谎。在过了撒谎的年龄转折点之后，高年段学生就会出现有动机地说谎话，这是有意说谎。比如五年级的小方同学，家庭作业未完成，为了躲避老师的批评，故意说作业落在晚托中心，明天才能拿回来，待到明天又说拿回作业后去了公园玩耍，不小心落在公园的花坛边，丢了，交不了。这种常态式谎言就属于有意而为之。

第二种：个体说谎时有较高的认知负荷，常常体验到恐惧、内疚或得意的情绪，并会刻意地控制自己的外在行为表现。在这种情况下，通常老师是可以通过观察交谈分辨出个体是否说谎。例如六年级的小轩体育课上利用休息时间拿了同学的钱。根据同学们的线索，休息期间，小轩第一个过去物品放置区，但是没有看见他是否拿了钱。在进行师生谈话过程中，他表现出来的说谎症状明显，很快在老师的开解下，破除了谎言。群体说谎这种一般在班级发生搞破坏，恶作剧时会出现，为了不被责罚，逃避问题，会出现群体性说谎，一开始统一口径，淡定自若，当老师各个击破谈话时，这个时候一般表现为A与B之间说话有偏差，B与C之间相悖，D又因为害怕被牵连说出实情，最后表现为互相埋怨式说谎。

第三种：根据说谎内容上的差异，心理学研究者保罗·埃克曼博士认为隐瞒和伪造是说谎的两种主要方式。在面对学生说谎的问题处理过程中，发现学生的说谎内容确实为隐瞒和伪造两种方式。例如两个好朋友之间，有人犯错，另外一个明知真相，不上报，选择隐瞒，无论老师怎么问，都是一个不知道，不是的。典型的隐瞒式说谎。再说小强考试不及格，伪造家长签名，这种表现就是伪造式说谎。

学生在说谎的过程中，通常都会有一些行为动作的表现，例如眨眼睛，摸鼻子，不敢直视，双手刻意背后紧握，咬嘴唇，倚靠外物，深呼吸等。那么，究竟是什么原因导致学生说谎？多年的学生管理经验，现将原因分析如下：

二、学生说谎的原因分析

（一）客观原因：包括家庭因素，社会因素

在家庭层面，主要是三方面，一是家长没有做到以身作则，有说谎的习惯，影响了孩子。二是孩子在家庭生活范围内，或是在家长知情的情况下，孩子说谎，被家长视为聪明，机灵，懂得变通，如此一来，孩子就形成了价值观的错误，因而在校也会习惯性说谎。三是家长平时对孩子的要求过高，管理太严格，例如重罚或是打骂，导致孩子犯错之后不敢主动承担，害怕之下只能由说谎来保护自己，时间一长，孩子就形成条件反射式的退缩，谎言。

社会层面，因为现在网络媒体高速发展，学生从社会上接触到一些不良诱导，以开玩笑、夸大等方式来说谎，来博出位，引起大众的关注。

（二）主观原因：害怕惩罚，引起关注，保护他人，叛逆情绪等多种因素

首要是为了躲避责罚，害怕承认错误，寻找利己的“借口”来为自己开脱；其次是为了引起身边人的重视和关注，例如长时间得不到父母的表扬和奖励，被迫用说谎来获得肯定；再次就是满足虚荣心，得到同龄人的赞许和羡慕；还有为了所谓的兄弟义气，保护朋友而说谎；最后就是因为叛逆情绪故意说谎。

当然学生们说谎的原因还有很多，或是说更加细化的缘由需要我们去分析，但是我明白万物皆是黑白两色，万事都是内外共修，我们在分析一个学生的说谎原因时，一定要从多方面找原因，这样才能找到症结，及时帮助学生纠正说谎行为。我将用具体案例的方式来阐述我在面对说谎学生的一些辅导方法。

三、学生说谎的辅导方法

【案例】

小浩，11岁，五年级学生，单亲家庭，母亲是社会精英人士，对儿子要求很高，平时由于工作繁忙，无法经常关注小浩的行为变化和身心需求。久而久之，孩子在心理上得不到情感满足，某些物质需求也没能及时解决。他是一名转学生，为了得到同学们的认可，偶尔会用说大话的方式来博得同学们的羡慕，为了进一步稳固这所谓的亲近，甚至会主动和同学一起恶作剧，捉弄他人，妈妈对于他的零花钱也有一定的规定，为了能有更多的零花钱请哥们儿吃东西，他会说谎骗家人，例如文具少了什么，学校要捐款，几次下来之后，小浩享受到了说谎带来的友谊，对于金钱就越发地感兴趣，有时，妈妈出差时间太长，他又需要钱来请同学或是买一些东西，他就在一次尝试偷同学的零花钱成功之后，编撰谎言蒙混过关，没有被老师发现并告知家长。就这样，说谎就像助力剂帮助他后面又偷了好几次同学的钱物。

面对这样的情况，我经历了这样的辅导过程：

通过后期整理，那是小浩的第二次偷钱，发生在体育课上，他利用休息空当，去到同学们放随身物品的地方，拿了李同学三十元钱，前后就是两三分钟的事。小浩是怎么在这么短的时间就能拿到钱的呢？那是课间李同学自己说带来钱被他听到了，他就顺势在体育课牵了羊。当时被怀疑的是另外两名去休息区喝水的同学，而上报的就是小浩。他一套言辞真切的说辞，看似举证，实则把自己的嫌疑洗清并落个帮助他人的名声。现在看来这孩子还真是费了一番心思，随机应变能力不得了。面对各方说词，作为老师，我细心聆听，从中对比微表情和动作，发现了小浩言语中太多的巧合。最后，我选择把事情放一放，第二天，再以其他事由找来了小浩。此时你可能会有疑问，为什么不当场揭露谎言，解决问题呢？这就是我一直坚持的每一个孩子都需要被保护的原则，包括他们的尊严。小浩来了之后，我用走近心灵的方式，和他一起分析了昨天偷钱的人此刻的心情，被偷的李同学的心情，谈话中，我看到了这个孩子在正面表现出来的善良，只是内心的欲望让他正反交替。当时，我用平等的心态回应了他的猜测，并肯定了他的善良，又给他讲了掩耳盗铃的故事来提醒他。最后，我很温柔地看着他，拉着他的手，说明了我叫他来的目的，并先给出我的承诺，不会将此事告诉旁人，希望我能成为他信任的人，这样我将用其他方式帮他解决这件事。小浩看了我一眼，又侧过脸，嗯了一声。接着，一点点地说出了实情，孩子跟我口头保证以后不会了，三十元钱他会悄悄还给李同学。看着他坦诚的眼神，我选择了原谅，并告诉他："以后妈妈出差，你需要钱买什么，只要是合理的，可以来找老师借。"本以后这一次走心的方式解决了他偷钱且说谎的行为，可是几个月后事情又再次来袭。

这一次，发生在教室里，一名女生由于父母不在家，拿着一百元钱来学校，准备在外吃中午饭的钱，课间不翼而飞，这次，小浩又在怀疑对象之列，为了不被发现，我们的说谎达人又上线了，态度坚定，并主动愿意检查书包等随身物品，还找来了几个为他作证的人，几个被怀疑的孩子最后都没办法实锤，眼看就成了悬案，最终，说谎的人自己在同学面前炫耀，请同学吃路边小零食的举动，引起了同学的怀疑，立马向我汇报，真相已露出水面。小浩再次被我请来办公室，他还是一副淡定无辜的样子，估计已经编造好一堆的话来圆谎。说实话，我真不愿意相信这次又是他，小浩同学前后编话掩盖错误，心里该经历了怎样的折磨，孩子呀孩子，这本不是阳光善良的你该有的样子啊！痛心疾首，又不得不解决，如果不忍心就去放任，只会让

他在这条路上越走越远，不说以后对人生路有何影响，至少小学生涯他无法获得真正的快乐和同学的信任、好感。迫在眉睫，我没有再听他准备的话，而是摆事实，让他至少在被我戳穿的那一刻感受到了偷钱和说谎带来的羞耻感和慌张感。我知道，他害怕没有朋友，他很在乎别人对自己的看法。但是，这一次，我必须让他自己承担责任，面对被偷的同学，面对知道情况了的妈妈，以及面对被他多次欺骗的班主任才能真正意识到这样行为的危害远远大过他获得的利。当然这个过程中，我都会在背后做好同学、家长的工作，本着长善救施的理念，他在前，我在后，小浩在不安和挣扎中勇敢地承认错误，请求原谅。这一次的辅导过程，我又进行方式方法的调整，那是针对这种常常犯错又极力掩盖不想承担的案例方法。

后期，为了达到长效久治的效果，我增加了与小浩沟通的次数和时间，及时关注了孩子的行为变化，并在合适的时机与他的妈妈沟通，家校合力，共管共情，让孩子内心不再那么孤单，就少了很多思想行为出现偏差的可能性，当然我无法确定他不会再做错事，但是几次不良行为言行带来的后果，以及老师和家人对他的帮助，他应该学会了三思而后行，三思而后言，我相信，随着年龄的增长，个性的稳定，小浩一定能彻底改正，成为表里如一诚实的人。

一个谎需要无数个谎来圆，这其中的苦是每一个说谎的人都经历过的，作为一名教育工作者，我一直秉承关爱学生的角度，尊重个体差异，孩子是未来的花朵，我们必须用正确的方式浇灌，才能使他们结出“诚实”的果实。

家庭教育促使学生形成良好的行为品质的辅导策略

宝安区翻身小学　向东华

环境对一个人的成长有着至关重要的作用，尤其是青少年的价值观正处于一个形成时期，更有着至关重要的作用。如何通过家庭环境的改变促使学生形成良好的行为品质，这是我这篇文章要讨论的一个话题。

说到家庭环境，让我不禁想到了一部电影《美丽人生》，相信有很多的人也看过这部电影，这一位犹太人父亲，他非常的睿智。他善意地欺骗儿子与儿子做游戏，直到生命的最后时刻，仍然让儿子保持着童真的游戏状态。这种轻松的环境给足了儿子安全感，让他能够渡过苦难生存下来。从家庭环境的角度来说，这一位父亲承担了自己该承担的，也保护了孩子的一份童真，一份美好。

行为主义心理学家华生的环境决定论，他有一句非常重要的名言：“给我一打婴儿，我可以把他们训练成任何类型的特殊人物。”虽然说他对于环境的影响有了过多的夸大，但是我们不得不说，家庭环境对一个孩子性格的形成有着至关重要的作用。一个健全的家庭环境，有一个温暖的幸福的童年生活，我想尤其是作为成年人，我们会觉得童年能治愈生活中的苦难，常常能给我们找到一丝的心灵慰藉。

接下来我就两个案例和大家一起来探讨，如何通过家庭环境的改变来促进孩子形成良好的品格。

【案例一】

心心同学，是一位不善于表达的孩子，我在与他交流前做了很多功课，比如他喜欢什么，平时关注什么，最喜欢哪门学科。希望能有利于我们的谈心。这天出完早操他早早的在讲台边等我，双手放在胸前，低着头，手使劲地捏着拳头，看起来很紧张，我轻轻地走过去，示意他坐下，“心心，记住哦，你是一个守时的孩子，你等老师很久了吗？”他摇摇头，手攥得更紧了。他沉默了一会儿，缓缓地伸出手——一团被浸湿的纸。“我可以打开吗？”我轻声问，他点点头，“老师，什么是母爱？”那被汗水浸透的文字，变得模模糊糊。我的心情也变得沉重，我谴责自己对孩子的了解太少。“母爱就好比春天的阳光，时时刻刻给你温暖。”孩子若有所思。“老师今天送你回家，你给老师带路，好吗？”孩子露出了一丝微笑，在放学的路上竟然拉住我的手：“老师，我拉着您过马路。”孩子的眼神是多么温暖，此刻我真的很想在他的小肩膀上靠靠。此次家访，我了解到，在三年级之前，心心是在老家和爷爷住在一起的留守儿童，今年才和爷爷一起搬到城里和爸爸住，而更加不幸的是心心从小就失去了母亲。爷爷说：“心心比较内向，不爱说话，但是很懂事。”经过这样几次的交流和沟通，孩子的微笑渐渐多了，和同学们的交流多了。通过这件事情，我更加关注孩子的心理健康教育，尤其是留守儿童的心理健康，她们需要更多的关怀和爱。就如付荣所说：“没有心理健康教育的教育是不完整的教育。”

在布置教室“感恩角”时，我给每位孩子发了一张爱心贴纸，让孩子们写上最想对父母说的话。“爸爸妈妈，你们是我最爱的人！”“妈妈，对不起，我今天让您生气了，是我不好！”“爸爸妈妈，我爱您！”……我看见心心在爱心卡片上这样写道：“妈妈，我想您，妈妈，我爱您，妈妈您是我心中的阳光，妈妈您是我心田的向日葵！”孩子的爱心感动了我，我看见孩子们的眼睛里闪烁着希望的光芒！我把孩子们的这份爱围成了半个爱心贴在感恩角。

到了开家长会的时候，我对家长朋友们说：“孩子们把自己想对您说的话写出来了，请您认真地体会，也给自己的孩子写点什么，让我们的爱与孩子们的希望凝结成一颗心，让这颗心伴随着孩子在爱中成长！”有的父母看了孩子的话语，感动得流泪了。有的家长这样写道：“孩子，爸爸妈妈有时没有体谅你的心情，是我们不好，妈妈爱你！”“宝贝，你是妈妈的骄傲，妈妈永远为你加油！”“乖女儿，你在爸爸心里是最棒的！”看着家长写给孩子的话，我的心也触动了。心心的爸爸也来了，散会后他走到我面前握着我的手说：“向老师，我非常感谢您，我的儿子有了很大的转变，他比以前开朗了许多。您知道吗，他今天给我打电话了，这是他第一次主动给我打电话……”心心爸爸很激动，声音有些颤抖，他的眼睛湿润了：“心心要我准时参加家长会，要穿戴整洁，告诉我不能在学校抽烟，老师讲的时候要认真听……”爸爸转过头，仰望着远边的天空，仿佛看到了新的希望，长舒一口气说：“我的孩子长大了！”他再一次用力地与我握了一次手。此时，我相信，心心会更加幸福，心心一家一定会快乐祥和的！

几年的从教生活，我的感触真的有很多很多，有时在忙忙碌碌之后，我反思，难道我只能给孩子们传播课本知识？难道我是一架“嘀嘀嗒嗒”的机器吗？不，在我的心底始终有一腔热情，一腔热血，只为孩子们燃烧！只为孩子们沸腾！而这些都是因为有真情的存在，我想每个人的人生都有不同的任务，上帝给了我一个任务，叫我牵着蜗牛去散步。我催它，我唬它，我责备它，我拉它，我扯它，甚至想踢它，蜗牛用抱歉的眼光看着我，蜗牛受了伤，它流着汗，喘着气，往前爬……它，真的很累！

孩子是我们捧在心中的花，愿我们善待孩子，爱护孩子！我也愿意走进他们的家庭，让他们收获温暖的爱，能敞开心扉，以积极的心态迎接世界的美好。

【案例二】

五年级学生小文是一个冲动，在课堂上爱出风头，不愿学习的孩子。小文在学校常常欺负同学，和同学发生矛盾时情绪激动，喜欢用武力解决问题。小文爸爸脾气暴躁，平时较少管孩子，当孩子惹出事情时，就会打骂孩子。妈妈又溺爱他，护着他。小文上学经常迟到，迷恋电子产品。

下面我们就这个案例来分析下家庭因素对孩子的影响。

一、状况分析

根据材料情况分析，小文属于因未养成良好的生活习惯和学习习惯，逃避学习，逃避责任而导致的一般心理问题。

小文是家里唯一的男孩子，小时候家里每个人都是顺着，惯着，什么都依着他的性子来，没有养成良好的生活习惯和学习习惯。等到上学后非常不习惯学校的校规校纪，于是上学迟到，甚至不想上学，还喜欢以前自由自在的生活，想怎么样就怎么样。来到学校在课堂上坐不住，更不能集中注意力学习，经常突然说一些与课堂无关的话，扰乱课堂秩序。当老师反馈情况的时候，其母亲总认为孩子还小，而爸爸就没有耐心，恨铁不成钢，不会引导，只能用武力解决问题。小文的心里形成了巨大的落差。因为父母教养方式不一致，小文在父亲面前战战兢兢，在母亲面前继续懒散，没有目标，凡事有母亲帮忙。

二、归因分析

1. 个人

（1）身心特点：属于他律向自律的过渡阶段，道德水平属于前习俗水平向习俗水平的过渡阶段。很显然小文还没有很好的基础去完成这一过渡阶段，不喜欢学习，生活上拖拖拉拉，喜欢娱乐，迷恋电子产品。

（2）人格问题：自控力差，意志力薄弱，逃避困难，过度依赖他人。

（3）认知偏差：对学习没有正确的认识，上学迟到，注意力不集中。

2. 家庭

对于孩子的不良的行为习惯，缺乏正确的引导，父亲行为简单粗暴。母亲属于溺爱型的家长。

三、辅导过程

1. 辅导目标

近期——厌学情绪得到排解，矫正认知偏差，消除负面情绪。

中期——矫正不良学习习惯，参与到正常学习生活中来。

长期——养成良好的行为习惯，形成情绪控制的能力，形成正确的学习能力。

2. 矫正方案的制定和实施

（1）正向强化。对于孩子好的方面进行记录，并及时予以表扬和奖励，个体在某一情景下做某事，如果获得满意的结果，下次遇到相同情况做这种事情的概率就会提高。比如他从家里按时出发上学，或者在家有写作业的意识，或是在学校长时间没有和同学发生冲突等好的行为出现时给予正强化。让小文意识到自己按时上学，写作业，不和同学打架是好的言行，坚持一段时间，就会逐渐弱化小文的不良行为，逐步得到改善。

（2）运用代币制，运用到生活中的小事中去，让小文在生活中除了游戏还有别的事情可做，比如说摆好鞋子，打扫卫生，能帮助妈妈做一些力所能及的事可通过积分的形式，积攒到一定的积分可换取一个大的奖励，不断激励和强化他的正确的行为。

（3）减少关注不良行为。不去反复提示他做错的事，减少关注，逐渐消退不好习惯。

（4）必要时候可采取一定的惩罚，比如在学校欺负同学，不遵守课堂纪律。但是如果采用的是警告、批评、大骂的形式，往往收效甚微，还会让孩子产生心理上的问题。可以采用隔离法，或是冷处理的方法，发生不可控的行为时，需要限制他的行为，或是自由，减少伤害。在事后要和他说清楚他不对的地方，会给别人造成什么困扰。如果有必要可以让其他同学告诉他自己的感受，希望他可以和同学友好相处，同学们也期待着他的改变。

恰当地运用心理学方面的知识，有效地帮助孩子走出困境。早发现早帮助，尤其是在发生特殊的问题时，可以加强自身的学习，家长充实自己的知识储备，自己有着健康的心理状态，才能够积正确地引导孩子。为孩子的健康成长保驾护航，为孩子人生路上经历的曲折给予恰到好处的帮助。

最后，我想说孩子不良的表现和他的心理有重要的关系，而家庭背景有时是影响其心理形成的主要因素，作为老师，我们在学校的关注，走入孩子的家庭，引导家长为孩子营造和谐的环境构建是十分重要的。另外家长在教育孩子的时候，尤其是家中发生特殊的重大事故时，一定要考虑到对孩子的心理影响，孩子是否能承受。家长自己也一定要有良好的心理素质和孩子进行有效沟通，了解孩子的年龄特点，了解他们的内心世界，对他们进行正确的引导，帮助他们形成良好的行为品质。

不同心理健康教育学生的调查与个案研究

——以小学高段某一抑郁症学生为例

宝安区翻身小学　张　婷

抑郁症是一种以发作性的持续性心境（或情绪）低落为主要表现的心理障碍。心理障碍会包含基本的抑郁或者躁狂的表现，有时候只体现其中一种，有时二者均有体现，此次我们这一个案研究是单纯抑郁障碍，没有躁狂表现的小学高段的一名女学生。

一、研究背景

近年来，我国抑郁症患者越来越多，根据数据显示，女性发病率明显高于男性，抑郁症对人的身心健康影响极大，除了表面上的情绪展现，其内心的自我否定、批判都时时刻刻影响正常生活。

目前抑郁症有低龄化趋势，确诊抑郁症的儿童病例明显增多。同时，青少年自杀自残情况也陆续出现在各种新闻途径，对儿童青少年的心灵产生一定的冲击。种种情况之下，重视儿童青少年的抑郁症形成、暴发、干预和治疗的研究就显得尤为重要。

二、研究对象

此次作为案例研究的是一名小学高段（五、六年级）的一位女学生，进入五年级后，该女生在情绪方面有较明显的抑郁症状：经常性失眠和情绪低落，感觉自己的人生毫无意义，甚至会有自我谴责和罪恶感，在集中注意力方面明显自我感觉越来越吃力等。

该女学生的表现符合美国当代心理学家安尔格德关于抑郁症的表述：

（1）抑郁为正常心境向情绪低落方面的波动，即每天出现情绪恶劣的一面；

（2）抑郁为不愉快、悲伤或精神痛苦，是对一些不良情景或事件的一种反应；

（3）抑郁作为一种特征，是指个体持久的、相对稳定的愉快感的缺乏；

（4）抑郁作为一种症状，是指心境处于病理性的低下或者恶劣。

在一次暑假后，她的母亲感觉孩子的异常后，及时就诊于某一儿童医院并确诊其为中度抑郁症。

抑郁症是一种情绪类心理疾病，在其有明显抑郁表现的情况下，需要究其原因，探其根本，才能更好地帮助患有抑郁症的青少年儿童健康成长。

三、研究方法

1. 观察法

通过观察研究对象的日常生活、学习等情绪、显性行为和隐性行为等表现来对孩子的心理情况有猜测和判断，并根据长期和近期的表现对孩子进行引导。

2. 诊断法

在前期的猜测和判断推动下，家长自愿自觉带着孩子前往儿童医院就诊，得到心理医生的专业诊断和治疗。

3. 经验总结法

教师在日常教育教学活动中，经常性接触各种各样有心理健康的学生并会采取相应的处理方式。因此教师在平时的经验总结中给其父母建议积极暗示法、时间淡忘法、转换环境法等推动抑郁症的干预和治疗。

四、形成原因

1. 社会因素

研究表明，社会支持与抑郁有较高的负相关。有研究表明，同伴关系差的小学生与具有良好同伴关系的小学生相比，更易患抑郁。该女生在与人际交往方面在某一时期产生较明显分水岭，四年级以前，喜欢与同性的同学交往并表现出落落大方之感，但是在进入五年级后，该女生明显长期只与一位家庭生活经历相似、性格相近的女生来往，在教师和家长引导下此情况并未有明显改善。

因为父母对学业的严格要求，该女生认为自己与其他同学有较大的差距，自己不够优秀不合适与他们交朋友，同时心里也觉得他们看不起她，不愿意与她交朋友。只有与某一女生在一起时她才能放下心理包袱，觉得与人交往没有压力。

同时恰逢新冠疫情时期，孩子居家生活时间倍增，与家人以外的人群接触就更加少，活动范围的缩减也对她的心理健康影响很大。

2. 家庭因素

儿童抑郁症的最重要因素之一是家庭因素。一般情况下，母亲对儿童抑郁症的影响大于父亲的影响。该女生的母亲是一位要求严格、对待事情较为悲观的女性，父亲工作较为忙碌，经常性缺席孩子的成长教育。特别是在孩子的学习方面，母亲的要求较为苛刻，缺乏鼓励性语言，对孩子的身心健康影响较大。该女生父母均为本科学历，自身在学习方面收获了较好的人生果实，同时对于孩子寄予厚望。该女生的学习表现属于中上水平，数学学习上略有困难。在与老师交流的三四年时间里，母亲每次对于老师的表扬均表示：孩子做得还不够，距离目标相差甚远，还需要很大的努力。对于老师建议的周末亲子活动日，母亲直接表示孩子没有时间参加与学业无关的活动。

母亲的严格要求对孩子造成巨大的心理压力，长时间积累之下，孩子在青少年青春期早期表现出明显的抑郁症症状。但是孩子的父亲仍然将孩子的行为视为小孩子脾气，并未重视，导致了孩子的病症在早期并未得到重视和干预。

3. 应激事件因素

儿童青少年抑郁的促发因素主要源自于生活和学习中所遇到的压力，即各种应激生活事件，如健康状况的变化和生活环境的突然转变。生活环境的突然转变也可能引起儿童青少年抑郁的发生。就在确诊抑郁症的前半年，该女生经历了平时比较亲近的舅舅遭遇重大疾病离世。十一二岁的孩子对于情感认知水平已经到了稳定程度，突逢巨变会直接影响孩子的情绪和认知，孩子甚至一度因为剪头发事件与父母发生激烈争吵，并留下遗书（并未做任何伤害自己的行为）。

其次，舅舅的重病治疗和离世对孩子的母亲影响极大，孩子面对母亲哭泣、伤痛经常性表现出无助和伤心，孩子曾多次在面对母亲哭泣时表示："妈妈，我不知道要怎么安慰您？我要怎么办？"孩子母亲也表示因为此事件的影响，对于孩子的关注度急剧减少，也是导致孩子抑郁症加重或者表现明显的原因之一。

4. 自身因素

影响身心健康的自身因素一般分为生理和心理因素，这在该女生的抑郁症形成的过程中有不可或缺的地位。

该女生抑郁症加重时期是11—12岁，正值青春发育时期的前期，生理上的发育、激素水平等变化不断，但是因为缺乏生理教育和倾诉对象，让她猝不及防在自己心里埋下一颗不良的种子。青春期的萌动让她开始在意自己的外表、在意他人对自己的看法，可是此时她却不断接受最亲近的人——她的母亲消极的暗示，加上高年级学习难度的增加，更加增加了她的心理负担。

该女生性格较内向，比较善解人意，努力让周围的人满意、快乐，正是这种先乐他人之乐、忧他人之忧的善解人意无形中给她自己一步步筑起心理的高墙，导致自己走不出去，困于心，乱于心，病于心。

五、干预和治疗

一位花季年龄的女孩要经历抑郁症的磨难是不幸的，但是不幸中的万幸，她遇到了学历较高和爱她的父母，能够及时认知并对其病症进行积极干预和治疗。该女生抑郁症的积极干预和治疗主要包括以下方面：

1. 药物治疗

该女生的家人在发现她的行为异常之后，及时带孩子到当地有权威的儿童医院心理疾病门诊进行诊断。医生确诊后对孩子有对应的治疗方案和积极应对方式。药物治疗对孩子有一定的积极影响，家长也表示会持续在医院跟踪，期待有良好的结果。

2. 心理治疗

抑郁症是一种情绪性的心理疾病，对人的身心健康尤为重要，因此干预和治疗阶段心理治疗是重要的途径之一。主要分为三个层次：

放在首位的是儿童医院专业心理医生的治疗。孩子对于自己的心理变化是接受的，不抗拒心理医生的接触和治疗，并与父母表示与心理医生的接触过程中有良好的变化。同时接受心理医生调理心态的人还有她的父母。多方积极的配合和努力值得我们期待良好的结果。

在心理治疗过程中，该女生的父母亲都意识到自己平日里的行为表现对孩子的身心都有重要的影响。例如孩子母亲意识到自己对孩子学习上、生活上过于严格标准会无形中给孩子造成极大的心理压力，消极的语言以及态度也对孩子造成了不良的心理暗示等。孩子的父亲也对自己长期性的缺席以及偶然性无原则支持孩子母亲的行为表示后悔，曾经他因为较少陪伴孩子，时常会听到配偶的抱怨，为了减少家庭矛盾，他在教育孩子立场上会无条件无原则站在孩子母亲这一方立场，这与孩子无沟通的情况下会对孩子幼小的心灵造成二次伤害。

经过心理医生三个月左右的引导后，孩子与其父母都有积极的影响。如目前孩子从在家眉头紧锁到现在的自然放松，从在学习上紧张不自信到现在的认为事情最重要的是经过而不是结果，遇到问题或者困难时自我感觉压力减轻，也开始尝试去寻找他人的帮助，在情绪和行为表现上都是呈现出积极向上的状态。

同时她的父母也在努力改变现状。孩子母亲在心理医生引导下，努力改变自己对待事物的悲观心态，鼓励自己对待事情抱有阳光心态；在对女儿的学习和生活方面多留空间，在沟通方面会暗示自己三思而后行，减少对孩子的言语伤害；母亲尝试组织亲子日，周末从家庭活动开始，带着孩子走出家门，通过活动形式培养孩子融入社会，打开心门，接受更多朋友与事物。孩子父亲也表示自己会协调好工作与生活，不逃避自己的家庭责任，做家庭中的协调者和掌舵者。

3. 其他治疗

学校是儿童青少年的重要活动场所，也是孩子初步入社会感知社会、实现人与人交往的重要环境。在抑郁症治疗过程中，家校通力合作对孩子的病情有不可磨灭的作用。

在新学年开学初，该女生母亲就主动将孩子的情况告知班主任老师。开学前一两个星期，孩子多次表示担心老师和同学会因为她的抑郁症而歧视或者排斥她，也担心开学学习任务繁重她处理不了，但是她也期待着开学与她的好朋友相聚。在沟通下，家校达成一致意见并采取相应辅导和应对方案：

坚定不移的保密工作。班主任老师一定会和科任老师多加关注孩子在学校的表现，在学习上给孩子鼓励和帮助，以减轻孩子学习上的压力，同时一定会对孩子的病情做好保密工作，绝不在其他师生面前讨论相关话题。

潜移默化的心理暗示。班主任老师会通过组织主题班会、社会实践活动、课前演讲等多种活动形式给孩子们传递积极向上的阳光心态，良好的班级氛围能够极好地帮助抑郁症学生自我修复，在平时活动中培养积极乐观的阳光心态去“修复”抑郁症。

多种多样的运动形式。良好的体魄对于孩子心灵自我修复有一定的帮助。校园内除了体操大课间体育课、形体课等可以让学生锻炼身体，提高身体素质，还有“阳光体育”自由活动时间，老师组织了多种多样的个人、小组等形式的体育活动，除了提高身体素质，还可以增加该女生与同伴之间交往交流。

目的明确的思想引领。在校园的生活和学习中，教师会利用名人故事、身边事迹等指引孩子向名人学习立志、励志，积极阳光的思想引领孩子走向正确的思想方向，同时有针对性对孩子进行积极的言语鼓励，偶尔增加肢体接触，例如摸摸头、聊聊天等亲密行为拉近师生、生生的距离，降低该女生对于人际交往的恐惧感。

目前，经过多方努力该女生的抑郁症正在往良好的方面发展，其家庭环境也变得更加舒服快乐，她自身在学习方面也有了自己的计划和打算，不仅仅局限于学科类的学习，而是把部分精力分散在自己的兴趣爱好。在学校里，她也尝试打开心扉，与更多同学交往，与更多老师交流。

抑郁症是一种情绪性的精神疾病，也有人曾说它是一种“心灵感冒”，我们要正视它、克服它、战胜它。作为儿童青少年的重要引路人，我们责无旁贷，愿祖国的花朵都能健康快乐地绽放。

学习落后学生的心理辅导

宝安区翻身小学 罗 勤

怎样教好学习落后或学习困难的学生是一个教育难题，有效地帮助这类学生是学校心理辅导的一个非常重要的课题，也是一个教师需要学习和探究的方向。由于学生所处的学校环境、家庭环境、社会环境不同，学生的学习经历、性格、意志力、智力发展水平也不一样，学习成绩就会有千差万别。通过研究与事实表明，小学生中会出现的大量心理问题，都与其在学习中所遇到自身难以解决的学习问题有关，其主要表现为上课听课期间思想注意力不集中、严重的理解障碍、作业完成不好拖拉马虎、学习习惯较差、学习缺乏好奇心、懒散成性、成绩不足、个性孤僻、同学很难相处、爱撒谎等。因此，探讨学习落后生的心理障碍并进行辅导及防治，对于转化学困生具有深远的意义。

一、学习落后学生心理障碍

（一）注意缺陷

相当一部分学习落后或学习困难的学生有注意缺陷，尤其是在选择性注意方面，他们在上课过程中往往很难把注意力集中到老师的上课内容上，容易走神。受别的因素的影响，注意力分散，甚至有的学生还沉浸在课间活动中，长时间不能把注意力转移到学习上来。

（二）记忆缺陷

学习落后学生的记忆障碍主要表现在短时记忆容量较一般的学生低，记忆效果较差，保持的时间短，遗忘的速度也快，而长时记忆信息编码困难，回忆再认困难，而且容易出错，影响其形成系统的知识结构。

（三）情绪障碍

学习落后学生同一般的同学相比，存在较多的情绪障碍，如期望成就低，学习上缺乏胜任感、好奇心，缺乏自信心，有自卑感，成绩考得差后自尊心极易受到伤害，容易产生归隐偏差，常常把失败归因于能力不足，因而自卑自弃，厌学、畏学甚至逃学等等。

（四）意志障碍

学习落后学生的意志力普遍较差，如学习目的不明确，缺乏自我约束和自觉性，学困生认识不到学习的重要性，心理承受能力较差，做事无法坚持，三天打鱼，两天晒网，如果在遇到比较难的题时，往往缺乏坚持到底的毅力，缺乏勇气，所以对待学习常常是走马观花、半途而废。

（五）读写障碍

学习落后学生虽然没有智力发展迟滞，但到了阅读年龄时不会阅读，产生阅读障碍，主要表现为认读、拼读困难，读音准确性差，朗读不流畅，经常跳行，多字少字，颠倒顺序，阅读的速度非常慢，阅读理解也非常困难。写字歪歪扭扭，容易出格，缺笔少画，书写缓慢，字迹潦草，握笔不规范。

（六）数学推理能力缺失

学困生在数学学习上困难属于视觉空间能力不足，如数目字书写不清，排列组合不正确，序列颠倒，数学空间想象力不足，数学逻辑推理能力欠佳，数学概念不清，很难理解数学术语（例如百分数、分数的基本性质、小数、圆的面积等），对数学计算、应用题的文字方面无法理解，更无法在找出关键字词后列式计算，得到答案。

二、学习落后学生的心理辅导策略

（一）激发学习动机

激发学困生的求知欲与自信心。学习落后学生往往会把自己与学习优秀的学生进行比较，从而觉得自己样样都不如别人，越比较越没有信心，越自卑。因此，我们要不断加强学习落后生的好奇心、求知欲望、学习的自信心。结合学生实际情况制订个人的短期目标、中期目标和长期目标，并落实到计划中，给出实现这些目标的时间表。在具体的实施过程中，教师要跟踪、督促和顺势引导，使他们逐渐发现自己在一点点的进步，发现现在的自己比过去的自己有更大的进步，目的就是使他们在进步中找回自信，找回自尊，找回学习的乐趣，增强成就感。

（二）建立师生之间的良好亲密关系

作为教师，要有爱心、耐心和同情心，关爱每一位学生，特别是学习成绩上落后的学生。每一位学生特别是学困生更希望得到老师的关注和认可，在教师眼中不应有“优生”和“差生”之分。教师不能单纯以学习成绩作为评判学生的唯一标准，要用全面的眼光看待学生，善于发现“学困生”的闪光点。可以从学生的兴趣爱好入手，多给学生搭建舞台，感化“学困生”，树立信心，激发学习的动机。真正做到因材施教，发展建立良好的师生关系。

（三）进行教育会诊

教育会诊，就是任课老师、心理辅导老师、班主任、家长、行政领导等参加对学习落后学生进行集体的心理辅导。同时遵循学生本人意愿参加。在会诊前，应该将有关学生的具体材料分发给与会者，便于与会者提前准备发言的意见，在会诊期间，主要由班主任简明扼要地介绍学困生的情况，分析这些学生的主要问题、产生的原因、可利用的有利条件和借助的资源，与会者可充分发表个人意见，最后大家达成比较一致的建议和意见。

我们学校设有专门的心理咨询室，心理老师制定学期计划，特别是制定教育会诊的计划，针对特定年级或班级的落后学生进行问题会诊，可以针对某一个学生进行会诊，也可以针对某一类学生的问题进行会诊，或者某一个学科学习、某种不良倾向等进行会诊。教育会诊能比较全面地反映落后学生的问题，能够形成比较贴切、完善和针对实际情况的会诊意见，会诊者范围较广，相互交流意见，相互启发和补充，使得会诊意见更加完善和合理，也便于落实对落后生提出的心理辅导和干预方案，特别是有专业人员参加，可以使会诊更具科学性和可操作性。

（四）制订干预方案

对于学习落后生，除了进行学习动机的激发和会诊，教师还应针对其具体的实际情况，与学生的家长共同协商，形成契约计划，制订切实可行的干预方案。

如何培养学习落后生的学习习惯，可从以下几方面着手：

1. 认真听讲，注意力集中

学习落后学生不能专心致志有始有终地听课，课堂上东张西望，说话走神，爱插话，课堂上做笔记拖沓效率低下，自控力差且无法安静，均是注意力不集中的表现，我们应帮助他们集中注意力，上课要认真听讲，跟着任课老师的教学流程走，各种感官协调一致，不受外界干扰因素，积极回答老师的提问，任课老师应更多关注学困生，比如听课时，教师应要求学生用目光注视对方，用点头、微笑、摇头、举手等非语言形式表示自己在听，可让学生用“我明白了”“我听懂了”“我还是不太明白”“老师，你能再给我讲一遍吗”等表达自己的观点和态度。教师还应积极鼓励他们发言，多给他们发言的机会来表达自己的观点，并及时给予适当鼓励和大力表扬，这对学习落后生的自信心的建立和课堂听讲习惯的培养具有非常大的作用。

2. 合作交流，小组中成长

教师在实际教学中，可以采取小组合作的方式进行教学，如新课教学时，要鼓励学生独立思考，在小组中找到自己的角色，共同研究，特别是学习落后生，要让他们在小组中积极大胆发言，各抒己见，表达自我，以实现信息在群体间的相互交流，让学生体验到合作的乐趣，优秀生应带领落后生一起进步和成长，教师应对小组合作的成员根据学习者的实际情况进行合理的分配，小组合作应做到优势互补，性格互补，动静结合，这样才有利于培养学生的合作意识和交流能力，久而久之，对于学习落后生的进步是有很大帮助的。

3. 过程评价，重个体差异

面对在学习上比较困难，成绩落后的学生，我们要采取不一样的评价方法。要转变他们的学习习惯，需要在平时的教学过程中注重学习过程的评价要重于结果的评价。

《新课标》中明确指出：要让每一个学生都得到发展，因材施教，不同的学生得到不同的发展，强调要注重学生的个体差异，不能一概而论，对于学习成绩好的学生教师的要求可以更高一些，而对于学习成绩落后的学生教师的要求可以放低一些。

以语文教学为例，首先在课堂中观察学生的表现，包括回答问题的条理是否清晰？注意力是否集中？课堂笔记是否记录完整？课堂习题能否顺利完成等。老师以富有激励性的语言评价孩子的课堂表现。“你的朗读真优美，要是能转化成文字就更好了”，“你的书写更加刚劲有力了”，“你的进步老师看在眼里，喜在心里”。用正面的语言加以引导，并做好学生个人学习档案。其次，还要提醒孩子需要自我调整和反思，收集同学和家长给予的意见和评价。最后，对学生的语文家庭作业和单元测试进行分析，找出学习难以理解需要攻克的地方进行辅差。提出学生愿意接受的建议。重视学生语文综合素养的提高，利用多元评价的方式，保护好学困生的自尊心。

4. 学会预习，整理错题集

教会学生学会预习，凡事预则立不预则废，预习时可以查找各种和课堂相关的资料，提前自学，在上课中认真听老师讲解的知识点，和预习中有哪些不同，哪些是重点，哪些是难点，做到重难点突出，做好笔记，强化练习。

而每次考完试后，教会学习落后的学生订正试卷，特别是整理出错题集，避免这样的错误下次重新再犯，并适当时候抽时间对他们进行辅导和讲解，直到弄懂为止，整理错题集是他们提高成绩的一个公认的好办法，好习惯。

5. 建立互助同伴关系

可以建立一个学习好的学生帮扶一个学习落后的学生，形成一个同伴互助的关系，在学习困难的时候，老师也比较忙的时候，优秀同学可以成为小老师去帮助他们解决实际学习中遇到的各种困难，一个阶段后进行小结，向老师进行汇报，久而久之，不仅让优秀学生起到很好的榜样作用，且帮助学习落后的同学一同成长，感受集体的温暖，对于学习落后学生的心理健康成长可以起到比较好的辅助作用。

6. 课堂教学策略

这是教师运用多种多样的教学方法，满足学习落后和学习困难学生独特的学习需要的一种课堂教学策略。如何运用策略教学帮助学习落后学生学会如何学习，具体步骤为：

（1）由教师根据学生的实际需要选择相应的学习策略。

教师对学习落后学生进行简短集中的课程传授并向学生讲解有关的策略

步骤和配合方法。

（2）让学生练习使用，并在练习过程中，应给予明确的指导。回到正常的学习中，学习并运用这些策略。

（3）教师要帮助他们理清知识的内在联系、日常测验、重复练习、有计划的复习、任务的分解和综合、指导性提问和回答问题、任务难度的控制、现代信息技术的使用、教师正确示范问题的过程和方法、小组合作学习等等。

总之，由于学生的成长环境不同，家庭条件不同，各种原因造成学习成绩落后，作为教师要及时发现其中问题，综合各种资源，采用多种方法激发他们的学习动机，进行教育会诊，制订切实可行的干预方案，多途径地进行综合的心理健康教育和干预，才能有效地维护学习落后生的心理健康。

学困生的转化工作，是一项十分艰巨、细致、长久的工作，需要我们机智灵活地运用多种方法去关爱他们。教育是心的教育、是良心的教育，请牢记我们的教育使命，坚持我们的教育初心，用真情浇灌出最美的育人之花！